Anemone Eglin, Evelyn Huber,
Annette Rüegg, Brigitta Schröder,
Klaus Stahlberger, Roland Wuillemin

Tragendes entdecken

T0126727

T V Z

Anemone Eglin, Evelyn Huber,
Annette Rüegg, Brigitta Schröder,
Klaus Stahlberger, Roland Wuillemin

Tragendes entdecken

Spiritualität im Alltag von
Menschen mit Demenz

Reflexionen und Anregungen

T V Z
Theologischer Verlag Zürich

Bibliografische Informationen der Deutschen Nationalbibliothek

Die Deutsche Nationalbibliothek verzeichnet diese Publikation in der Deutschen Nationalbibliografie; detaillierte bibliografische Daten sind im Internet über http://dnb.d-nb.de abrufbar.

Umschlaggestaltung

Simone Ackermann, Zürich
unter Verwendung einer Fotografie von Franz Nikolaus Müller

Druck

ROSCH-BUCH GmbH, Scheßlitz

ISBN 978-3-290-17484-2

© 2009 Theologischer Verlag Zürich
www.tvz-verlag.ch

Inhalt

Vorwort 7

1 Aspekte spiritueller Begleitung 10
  1.1 Spiritualität und Religiosität 10
  1.2 Spirituelle Bedürfnisse 13
  1.3 Spirituelle Begleitung 16
  1.4 Kommunikative Instrumente 22
  1.5 Erklärungsversuche......................................26

2 Demenzkranke im privaten sozialen Umfeld 38
  2.1 Auswirkungen auf das Familiensystem 38
  2.2 Zu Hause miteinander leben.......................45
  2.3 Umgang mit Ambivalenzen.........................53

3 Demenzkranke im institutionellen Umfeld 62
  3.1 Normalität in der Institution 62
  3.2 Menschen mit Migrationshintergrund 70

4 Spezielle Herausforderungen 80
  4.1 Sinnlichkeit und Sexualität 80
  4.2 Auffälliges Verhalten von Menschen mit Demenz.......93
  4.3 Aggressives Verhalten von Menschen mit Demenz ...100
  4.4 Abschied nehmen.......................................109

5 Rituale...122
  5.1 Bedeutung von Ritualen............................122
  5.2 Anregungen für Alltagsrituale...................125
  5.3 Religiöse Rituale 131
    5.3.1 Wichtige Feiertage............................131
    5.3.2 Gottesdienstliche Feier 135
    5.3.3 Abendmahl und Kommunion............141

6 Literatur 144

Wenn ich einmal dement werde ...

Wenn ich einmal dement werde ...

... soll mein Leben einfach und überschaubar sein. Es soll so sein, dass ich jeden Tag das Gleiche mache – jeden Tag zur gleichen Zeit.

Wenn ich einmal dement werde ...

... musst du ruhig mit mir sprechen, damit ich keine Angst bekomme und nicht das Gefühl entsteht, dass du böse mit mir bist. Du sollst mir immer erklären, was du tust.

Wenn ich einmal dement werde ...

... kann ich vielleicht nicht mehr mit Messer und Gabel essen, aber bestimmt sehr gut mit den Fingern.

Wenn ich einmal dement werde ...

... und Panik bekomme – dann bestimmt, weil ich an zwei Dinge gleichzeitig denken soll. Und wenn ich einmal schimpfe, dann gehe einen Schritt zurück, so dass ich spüre, dass ich immer noch Eindruck machen kann.

Wenn ich einmal dement werde ...

... bin ich meistens leicht zu beruhigen; nicht mit Worten, sondern indem du ganz ruhig neben mir sitzt und mir deine Hand anbietest.

Wenn ich einmal dement werde ...

... habe ich das Gefühl, dass andere mich schwer verstehen, und genauso schwer ist es für mich, andere zu verstehen. Mach deine Stimme ganz leise und sieh mich an, dann verstehe ich dich am besten. Mach nur wenige Worte und einfache Sätze.

Wenn ich einmal dement werde ...

... sieh mich an und berühre mich, bevor du mit mir sprichst. Vergiss nicht, dass ich oft vergesse. Das Abstrakte und das schwach Formulierte verstehe ich nicht. Es hilft mir, zu sehen, zu spüren und zu begreifen, wovon du sprichst.

Wenn ich einmal dement werde ...

...möchte ich Musik von damals hören, doch ich habe vergessen, welche. Erinnere du dich, und lass sie uns zusammen hören. Ich mag gern singen, jedoch nicht allein.

Wenn ich einmal dement werde ...

...denke daran, dass ich nicht alles verstehe, doch mehr, als du manchmal denkst. (Verfasser unbekannt)

Vorwort

Das Institut Neumünster legt mit dieser Publikation einen zweiten Beitrag zur spirituellen Begleitung von Menschen mit Demenz im Alltag vor. Das Buch ist als Ergänzung zum Leitfaden «Das Leben heiligen»[1] zu verstehen. Es ergänzt diesen, indem es Themen aufgreift, die darin nicht berücksichtigt werden konnten, und stellt somit keinen Anspruch auf Vollständigkeit. Erarbeitet wurde es von einer interdisziplinär zusammengesetzten Gruppe von Fachleuten aus Theologie, Pflege und Pflegewissenschaft sowie Gerontologie, die teilweise auch selber ein dementes Familienmitglied begleiteten und betreuten. Zu dieser Gruppe gehören: Anemone Eglin, Theologin, Evelyn Huber, Pflegewissenschaftlerin, Annette Rüegg, Gerontologin, Brigitta Schröder, Diakonisse, Klaus Stahlberger, Pfarrer und Gerontologe, Roland Wuillemin, Pfarrer. An dieser Stelle sei Verena Bloch, Hebamme, gedankt, die wesentlich zum Kapitel «Sinnlichkeit und Sexualität» beigetragen hat.

Das Buch richtet sich an Pfarrerinnen und Seelsorger, an Angehörige, Pflegende, Freiwillige und weitere Personen, die Menschen mit Demenz zuhause oder in einer Institution begleiten. Es regt dazu an, ganz alltägliche Handlungen und Situationen als Ausdruck dessen zu verstehen, was Menschen im Tiefsten trägt und ihrem Leben Sinn gibt. Spirituelle Begleitung kann daher auch als eine Kunst der Wahrnehmung aufgefasst werden, die das Tragende im Alltäglichen zu entdecken vermag. Dabei ist zu beachten, dass spirituelle Begleitung sich konsequent an den Begleiteten orientiert und Demenzkranke darin unterstützt, was diese als heilend, tragend und bergend erfahren.

---

[1] Eglin, A. et al. (2006). Das Leben heiligen. Spirituelle Begleitung von Menschen mit Demenz. Ein Leitfaden. 3. Auflage. Theologischer Verlag Zürich: Zürich.

Grundlage jeglicher Begleitung ist die Achtung der Würde jedes Menschen ganz unabhängig von seinem körperlichen, seelischen oder geistigen Zustand. Seine Würde erfährt der Mensch in der Begegnung mit andern, weshalb uns die respektvolle und wohlwollende Begegnung zwischen gleichwertigen Menschen zentral wichtig ist. Sich Menschen mit Demenz liebevoll zuzuwenden, bedeutet auch, sich mit deren spezifischen Bedürfnissen und Grenzen zu befassen, was ein fundiertes Wissen über dementielle Erkrankungen mit einschliesst. Wenn wir im Folgenden die Begriffe Menschen mit Demenz oder Demenzkranke verwenden, ist uns bewusst, dass wir damit eine Verkürzung vornehmen. Demenz ist ein Symptom, das auf unterschiedliche Ursachen zurückgeht und nicht als eigentliche Krankheit bezeichnet werden kann.

Die Fotos von Franz Nikolaus Müller zeigen Menschen mit und ohne Demenz. Sie machen deutlich, dass es immer um Persönlichkeiten geht, die auch bestehen bleiben und geachtet werden sollen, wenn Menschen dement werden.

Wir danken der Stiftung Diakoniewerk Neumünster – Schweizerische Pflegerinnenschule, welche die Herausgabe dieser Publikation finanziell ermöglichte, sowie dem Stiftungsdirektor Dr. Werner Widmer, der das Projekt von Anfang an unterstützte.

Zollikerberg, Juni 2009
Anemone Eglin, Leiterin des Projektes

1 Aspekte spiritueller Begleitung

1.1 Spiritualität und Religiosität

Spiritualität ist ursprünglich ein christlich-theologischer Begriff, der die Geisteshaltung bezeichnet, aus der heraus ein Mensch sein Leben gestaltet. Die geistige Durchdringung der Wirklichkeit bildet die Grundlage des lebenspraktischen Handelns. Grundlegend aus christlicher Sicht ist die Verbindung von göttlicher Wirklichkeit und menschlicher Welt, das heisst von Transzendenz und Immanenz.

Im landläufigen Verständnis wird Spiritualität oft gleichgesetzt mit Religiosität, das heisst mit dem Glauben sowie der religiösen Praxis in einer bestimmten Religionsgemeinschaft. Im Alltag zeigt sich Spiritualität gemäss diesem Verständnis in Form von religiösen Ritualen, welche den alltäglichen Handlungen beigefügt werden. Ein gemeinsames Festessen beispielsweise wird dann zu einem spirituellen Erlebnis, wenn ein Tischgebet gesprochen wird. Oder ein Spaziergang im Park bekommt eine spirituelle Dimension, wenn auf die schönen Bäume als Gabe Gottes hingewiesen wird. In einer traditionellen, christlichen Religiosität wird zudem Gott meist als personales Gegenüber aufgefasst, zu dem der Mensch eine persönliche Beziehung aufbauen kann. Spirituell-religiöse Begleitung konzentriert sich auf diese Beziehung des Menschen zu Gott.

Beispiel *Mit einer demenzkranken Frau wird jeden Abend vor dem Einschlafen das Unservater gebetet.*

Selbstverständlich ist das gemeinsame Abendgebet eine Form spiritueller Begleitung. Diese erschöpft sich jedoch nicht in religiösen Ritualen. Im Unterschied zum landläufigen wie auch zum ursprünglich christlich-theologischen Verständnis von Spiritualität wird der Begriff heute meist anthropologisch definiert und weit über die christliche Religion hinaus verwendet. Was genau darunter zu verstehen ist, ist bis anhin nicht eindeutig festgelegt worden. Im renommierten Handwörterbuch für Theologie und Religionswissenschaft, RGG, wird festgestellt: «Eine allgemeine oder auch nur mehrheitlich anerkannte Definition von Spiritualität gibt es nicht.»[1]

In der gerontologischen Diskussion wird Spiritualität ebenfalls anthropologisch als eine Dimension menschlicher Erfahrung aufgefasst, die weder religiös noch konfessionell gebunden ist, jedoch religiös geprägt sein kann. Das bedeutet erstens, dass auch Menschen, die keiner oder einer fremden Religion angehören, spirituell begleitet werden können, und es bedeutet zweitens, dass Religiosität ein Teilbereich von Spiritualität ist, Spiritualität jedoch mehr umfasst als Religiosität.

Wir legen unseren Ausführungen ein weitgefasstes Verständnis von Spiritualität zugrunde, das einerseits auf unserem christlichen Hintergrund basiert, anderseits jedoch offen ist für spirituelle Erfahrungen von Menschen, die sich einer anderen oder keiner Religion zugehörig fühlen:

- Spiritualität bezeichnet die ganz persönliche Beziehung eines Menschen zum tragenden Grund seines Lebens, der sein lebenspraktisches Handeln prägt und seinem Alltag Sinn verleiht.

---

[1] «Die Bedeutungsvielfalt des Begriffs reicht von einem sehr weiten Verständnis (etwa im Sinn von religiöser Einstellung, Mentalität, Religiosität u.ä.) oder einer blossen Aufzählung von Aspekten (z.B. ‹das weite Feld› (...), das sowohl Mystik, Meditation, Kontemplation und überhaupt christliche Erfahrung wie auch deren theoretische Fassung und rituelle Praxis umfasst [J. Sudbrack (...)]) bis zu sehr speziellen, inhaltlich (besonders durch Herleitung vom Begriff ‹Geist› [spiritus] gefüllten Auffassungen.» Betz, H. D., et al. (Hrsg.). (2004). Religion in Geschichte und Gegenwart. RGG⁴. Handwörterbuch für Theologie und Religionswissenschaft. Bd. 7. 4. Auflage. Mohr Siebeck: Tübingen. S. 1590.

Wichtig an dieser Umschreibung sind uns die beiden Stichwörter *persönlich* und *tragender Grund*. Es geht um die individuelle Beziehung eines Menschen zu dem, was ihn existenziell trägt und seinem Leben Sinn gibt. Damit ist das Innerste eines Menschen angesprochen, zu dem Aussenstehende keinen direkten Zugang haben. Dieser innerste Bereich gehört zum Geheimnis eines Menschen, den es zu respektieren und zu schützen gilt. Indirekt zeigt sich jedoch die Spiritualität eines Menschen in der Art und Weise, wie er die Herausforderungen seines Lebens bewältigt und in das Ganze seines Daseins einordnet. Menschen geben vielfältige Hinweise auf ihr innerstes Geheimnis. Sie tun dies jedoch sehr selten direkt, sondern meist symbolisch verschlüsselt.

Beispiel *Im Zimmer einer demenzkranken Frau steht eine Vase mit welkenden Blumen. Eine Pflegende ist im Begriff die Blumen zu entfernen. Die kranke Frau verwehrt ihr das mit den Worten: «Warum werfen sie die Blumen weg? Alte Menschen wirft man doch auch nicht weg, wenn sie tot sind.»*

Die alte Frau scheint mit ihren Worten anzudeuten, dass für sie das Welken und Wegwerfen der Blumen symbolisch ihren eigenen Sterbeprozess und das, was nach ihrem Tod mit ihr geschehen wird, vorwegnimmt. Aufgrund dieser Vermutung lassen die Pflegenden die welkenden Blumen im Zimmer der kranken Frau stehen.

Je nach ihrer biografischen und religiös-spirituellen Prägung benennen Menschen den tragenden Grund des eigenen Lebens mit ganz unterschiedlichen Worten. Für die einen ist er eine grosse Kraft, andere nennen ihn Geist, Liebe oder Gott. Da die meisten Menschen erst in der dritten oder vierten Phase ihres Lebens an Demenz erkranken, kann davon ausgegangen werden, dass die heutigen Demenzkranken in Westeuropa einer Altersgruppe angehören, die mehrheitlich christlich aufgewachsen und sozialisiert ist. Sie haben meist die Vorstellung von einem personalen Gott kennengelernt. Dennoch darf sich spirituelle Begleitung nicht ausschliesslich auf das Bild Gottes als eines personalen Gegenübers fixieren. Zum einen gibt es viele Menschen, deren Gottesbild sich im Lauf ihres Lebens erweitert hat, zum andern gehört auch die sogenannte transpersonale[1] Vorstellung Gottes zum christlichen Gottesbild. Gott als Geist zu erfahren, sprengt die Vorstellung eines abgegrenzten personalen Gegenübers. Gott wird als allen Dingen innewohnend und alle Dinge durchwirkend erkannt, was für spirituelle Begleitung insofern bedeutsam ist, als Gott von alltäglichen Erfahrungen nicht mehr zu trennen ist. Alles kann zum Symbol für das Umfassende, für das Tragende und Heilige werden. Welche Symbole für einen Menschen bedeutsam sind, ist jedoch individuell und somit ganz unterschiedlich.

Beispiel *Beim Spaziergang im Park kann sich die spirituelle Dimension für einen Menschen, der Bäume als Ausdruck göttlicher Kreativität wahrnimmt, von selbst erschliessen. Einem andern, der vor allem daran interessiert ist, Bäume botanisch einzuordnen, bleibt sie möglicherweise verschlossen.*

1.2 Spirituelle Bedürfnisse

Spirituelle Begleitung im Alltag setzt voraus, dass Betreuende wissen, was man unter spirituellen Bedürfnissen versteht, und

---

[1] Der Begriff transpersonal wurde in der zweiten Hälfte des 20. Jahrhunderts von humanistischen Psychologen in den USA geprägt, die sich mit dem menschlichen Geist und seinen verschiedenen Bewusstseinszuständen befassten. Mit transpersonal werden jene Zustände des Bewusstseins bezeichnet, die das Ich-Bewusstsein des Menschen übersteigen.

dass sie diese auch erkennen. Bei der Annäherung an dieses Thema lohnt es sich, Ergebnisse pflegewissenschaftlicher Forschung einzubeziehen. Verschiedene Ansätze in der Pflege und Begleitung von Menschen mit Demenz gehen von deren inneren Bedürfnissen aus. Im Folgenden wird bei ausgewählten Autorinnen und Autoren exemplarisch aufgezeigt, wie sich diese Bedürfnisse zeigen und warum sie als spirituelle Bedürfnisse bezeichnet werden können.

Die schwedische Pflegewissenschaftlerin Astrid Norberg[1] geht aufgrund ihrer langjährigen Forschungsarbeit davon aus, dass Menschen mit fortgeschrittener Demenz an ihrer Erkrankung wie auch an einer Pflege, die nicht adäquat auf ihre Bedürfnisse abgestimmt ist, leiden. Sie leiden daran, dass sie sich von sich selbst, anderen Menschen, Gegenständen, Aktivitäten entfremden. Oft äussern sie den Wunsch, nicht mehr leben zu wollen. Sich zu entfremden bedeutet, sich nicht mehr zugehörig zu fühlen und das eigene Leben zunehmend als sinnlos zu empfinden. Die Bedeutung von Wörtern, Gegenständen, Orten und auch von Menschen kann verloren gehen. Demenzkranken fällt es zunehmend schwerer, einen vollständigen Satz zu bilden. Sie nehmen ihr Leben nicht mehr als Gesamtes wahr und verlieren dadurch die Erfahrung von Ganzheit und Sinnhaftigkeit. Diese Menschen brauchen Trost.

Im personenzentrierten Ansatz des englischen Sozialpsychologen Tom Kitwood[2] geht es um die Einzigartigkeit von Personen und um die Bedeutung von Beziehungen zwischen Menschen. Erst wenn eine Beziehung zu ihnen aufgenommen wird,

---

[1] Astrid Norberg, geb. 1939, erhielt 1987 die erste schwedische Professur für Pflegewissenschaft. Demenz ist einer ihrer Forschungsschwerpunkte.

[2] Vgl. dazu: Kitwood, T. (2000). Demenz. Der personenzentrierte Ansatz im Umgang mit verwirrten Menschen. 1. Auflage. Hans Huber: Bern.

werden Menschen mit Demenz als Personen anerkannt und respektiert. Kitwood geht davon aus, dass Menschen mit Demenz das Bedürfnis nach Liebe, Zugehörigkeit, Trost, Identität, Beschäftigung und Einbezogensein haben.

Die holländische Soziologin und Pflegewissenschaftlerin Corry Bosch beobachtete, dass Menschen mit Demenz sich nach Vertrautheit sehnen, wobei «der Verlust des Vertrauten für diese Menschen so gross werden kann, dass sie sich nach dem Ende des Lebens sehnen, und manchmal sogar das Leben aufgeben möchten» (Bosch, 1998, S. 108).

Versuchen begleitende Personen dem kranken Menschen mit der Haltung zu begegnen, ihn verstehen zu wollen, können sie ihm Vertrautheit vermitteln und ihn so in seinen inneren Nöten begleiten.

Zusammenfassend kann gesagt werden, dass Menschen mit Demenz daran leiden, dass ihre Welt in Fragmente zerfällt, sie sich fremd und nicht mehr zugehörig fühlen und ihr Leben als bedeutungs- und sinnlos empfinden. Daraus ergibt sich das Bedürfnis der Kranken nach Trost, Güte, Akzeptanz, Liebe, Verbundenheit, Vertrautheit, lebensförderlichen Beziehungen, Sinn, Identität und Einbezogensein.

Diese inneren Bedürfnisse entspringen im Wesentlichen drei existenziellen Herausforderungen, die Menschen zu bewältigen haben und an denen sie leiden können:

- Dem Leiden an Entfremdung und Einsamkeit und der daraus entspringenden Sehnsucht nach Liebe, Verbundenheit und Zugehörigkeit.
- Dem Leiden an Bedeutungs- und Sinnverlust und dem daraus entstehenden Bedürfnis nach Lebenssinn und Selbstvergewisserung.
- Dem Leiden an Verlusterfahrungen, Krankheit und Schmerzen und dem daraus entstehenden Bedürfnis nach Trost.

15

Spirituell sind diese Bedürfnisse zu nennen, weil sie Herausforderungen entspringen, die Menschen in ihrer gesamten Existenz betreffen oder erschüttern und zu deren Bewältigung sie auf das zurückgreifen, was sie als tragend in ihrem Leben erfahren haben.

1.3 Spirituelle Begleitung

Spirituelle Begleitung in der alltäglichen Pflege und Betreuung von Menschen mit Demenz sucht, was Menschen als tragend in ihrem Leben erfahren, behutsam zu unterstützen und zu stärken. Sie lässt sich dabei von den Kranken selbst leiten, indem sie wahrnimmt, wie sie auf die Widerfahrnisse ihres Lebens reagieren und wie sie verbal oder non-verbal auf das Umgreifende hinweisen, aus dem sie Kraft zur Bewältigung ihrer Situation ziehen.

- Spirituelle Begleitung achtet auf das, was das Leben eines Menschen bedeutungsvoll und sinnvoll macht.

Beispiel *Eine demenzkranke Frau in einer Institution zeigt ein auffälliges Essverhalten. Sie verschlingt wahllos alles Essbare, das in ihre Reichweite kommt. Die Pflegenden befürchten, ihr Gesundheitszustand könnte sich verschlechtern, und suchen nach Abhilfe. Sie interpretieren das Essverhalten als Ausdruck eines Verlustes und als Versuch, diesen über die Aufnahme von Nahrung wettzumachen. Was hat die Frau verloren? Ihre Familie, deren Mittelpunkt sie gewesen ist? Hat ihr Leben deshalb an Bedeutung und damit an Sinn verloren? Wie könnte sie in ihrer Situation, in der neuen Umgebung, wieder Lebenssinn finden? Die Pflegenden schlagen ihr vor, den Mitbewohnerinnen und -bewohnern einmal pro Woche eine kurze Geschichte vorzulesen. Sie nimmt den Vorschlag auf und liest jede Woche an einem bestimmten Nachmittag eine Geschichte vor. Ihre Mitbewohnerinnen und -bewohner hören interessiert zu. Ihr Essverhalten normalisiert sich.*

Spirituelle Begleitung stärkt, was beim Einzelnen an Möglichkeiten des Zugangs zum Umgreifenden vorhanden ist. Sie kann aber durchaus auch eigene Angebote machen, sofern sie den demenzkranken Menschen die Freiheit lässt, diese anzunehmen oder auszuschlagen.

Spirituelle Begleitung unterstützt Beziehungen, in denen sich Menschen geborgen und aufgehoben fühlen.

Beispiel *Eine demenzkranke Frau in einer Institution hat keine Familie mehr und nur noch wenige Bekannte. Sie erhält fast nie Besuch. Dennoch fühlt sie sich nicht einsam. Sie hat eine aussergewöhnlich tiefe Beziehung zur Natur, zu Tieren wie Vögeln, Katzen und Hunden. Beim Spazieren draussen, im Kontakt mit den Tieren, fühlt sie sich wohl und geborgen. Betreuende unterstützen ihre Gänge in die Natur und ermöglichen ihr den nahen Kontakt mit Tieren.*

Spirituelle Begleitung tröstet und hält das Leiden der Erkrankten mit ihnen aus.

Beispiel *Herr A. sitzt in sich zusammengesunken da. Er wippt vor und zurück. Eine Pflegende übernimmt seinen Rhythmus. Sie wippt mit ihm und wartet ab. Nach einer Weile sagt sie: «Herr A., heute haben Sie grossen Kummer. Sie fühlen sich sehr traurig». Herr A. nickt und ergreift ihre Hand. Er wippt nicht mehr.*

Spirituelle Bedürfnisse wahrzunehmen und aufzunehmen, setzt voraus, dass eine begleitende Person für eine echte Begegnung mit einem demenzkranken Menschen offen ist. Kitwood geht davon aus, dass es auch möglich ist, mit Menschen mit schweren kognitiven Beeinträchtigungen in Beziehung zu treten.

Eine echte Begegnung mit Demenzkranken erfordert von der betreuenden Person, dass sie sich mit ihren eigenen Ängsten, die das Syndrom Demenz bei ihr auslöst, auseinandersetzt. «Demenz bei einem anderen Menschen hat die Macht, Ängste beider Art auszulösen; einerseits in Verbindung mit Abhängigkeit und Gebrechlichkeit, und andererseits im Hinblick auf ein Wahnsinnigwerden. (…) In der Nähe einer dementen Person sehen wir daher unter Umständen die erschreckende Vorwegnahme eines Zustandes, in den wir selbst eines Tages geraten könnten. (…) Das Hauptproblem besteht nicht darin, Menschen mit Demenz zu verändern, sondern uns über unsere eigenen Ängste und Formen der Abwehr hinauszubewegen, so dass wahre Begegnung eintreten und lebensspendende Beziehungen wachsen können.» (Kitwood, 2000, S. 34)

Eine innere Haltung, die partnerschaftliche Begegnungen ermöglicht und damit die Qualität von Beziehungen erhöht, zeichnet sich durch folgende Merkmale aus:

- Respekt – vor der unveräusserlichen Würde jedes Menschen, unabhängig von seinem körperlichen, seelischen oder geistigen Zustand.
- Partnerschaftlichkeit – im Sinn der grundsätzlichen Gleichwertigkeit von Menschen, unabhängig von ihrem sozialen Status.
- Wertschätzung und Wohlwollen – gegenüber den Demenzkranken selbst wie auch gegenüber den sie betreuenden Angehörigen und Professionellen.
- Interesse – für das Befinden und die Situation der erkrankten Menschen, was mit einschliesst, sich Kenntnisse über deren Krankheit anzueignen.
- Zuversicht – dass sich einem Menschen auch in einer ausweglos scheinenden Situation noch Lebensmöglichkeiten erschliessen können.

Um Menschen auch spirituell zu begleiten, sind darüber hinaus folgende Voraussetzungen hilfreich:

- Vertrauen – auf eine transzendente, umfassende Wirklichkeit, in der alles Leben aufgehoben ist.

- Offenheit – für die spirituelle Dimension menschlicher Erfahrung.
- Erfahrung – der Sinnhaftigkeit des Lebens.
- Sensibilität – für Zwischentöne, Andeutungen und Symbolisierungen, mit welchen Menschen auf das Umgreifende hinweisen.
- Hoffnung – wider alle Hoffnung, dass menschliches Leben getragen ist auch durch Sterben und Tod hindurch.

Spirituelle Begleitung leistet einen wesentlichen Beitrag zur Erhöhung der Lebensqualität der erkrankten Menschen. Sie darf jedoch nicht mit zu hohen Erwartungen belastet werden. Nicht alles ist veränderbar oder machbar. Spirituelle Begleitung zeichnet sich gerade auch dadurch aus, dass sie Grenzen anerkennt und Leiden aushält, ohne zu verzweifeln oder den kranken Menschen innerlich aufzugeben. Sie kann dies, weil die Begleitenden darauf vertrauen, dass jedes Leben mit allen Schmerzen und allem Leidvollen in eine umfassende Wirklichkeit eingebettet ist, die menschliches Erkennen und Begreifen übersteigt.

Eine Haltung im Umgang mit Demenzkranken, wie sie oben beschrieben ist, hat über die zwischenmenschliche Bedeutung hinaus auch eine gesellschaftliche Relevanz: Es ist keineswegs selbstverständlich, die Würde von Menschen mit Demenz ebenso zu achten wie diejenige von gesunden Menschen. Spirituelle Begleitung beginnt deshalb zunächst mit der Überprüfung der eigenen, inneren Haltung der Betreuenden, seien sie Angehörige oder Professionelle.

- Spirituelle Begleitung orientiert sich am Gegenüber. Es geht darum, Demenzkranke in *ihrem* Suchen nach Sinn, in ihrem Leiden an Krankheit und Verlusterfahrungen sowie in ihrer Sehnsucht nach Vertrautheit und Geborgenheit achtsam zu unterstützen. Betreuende, seien es Angehörige oder

Professionelle, dürfen den Erkrankten ihre eigene Spiritualität nicht überstülpen.

In Institutionen ist darauf zu achten, dass Pflegende, welche auf eine bestimmte Form von Spiritualität fixiert sind, sich damit den Bewohnerinnen und Bewohnern nicht aufdrängen. Das Spektrum von spirituellen Ausrichtungen ist sehr weit. Es reicht von religiös-fundamentalistischen Strömungen bis zu esoterischen Gruppierungen. Nicht die Zugehörigkeit zu einer bestimmten Gruppierung ist entscheidend, sondern die Art des Umgangs mit der eigenen Spiritualität. Fühlt sich jemand einer spirituellen Richtung zugehörig, ohne andere von der eigenen Ansicht überzeugen zu wollen, ist das zu begrüssen. Kritisch wird es dann, wenn Pflegende den Drang haben, andere bekehren zu wollen. Vor allem Menschen mit Demenz, die sich kognitiv nicht mehr wehren können, sind vor solchen Übergriffen zu schützen. Es ist nicht leicht, zu erkennen, ab wann ein spiritueller Übergriff stattfindet. Die Übergänge sind fliessend.

Beispiel Eine Pflegende legt drei Heilsteine auf den Nachttisch eines Bewohners. Sie hat die Steine sorgfältig für den Mann ausgewählt. Sie sind ein Zeichen ihres Interesses an dem Bewohner, dennoch sind die Heilsteine Teil ihrer Spiritualität, nicht seiner.

Zu merken, wann spirituell eine Grenze überschritten wird, verlangt von Pflegenden eine hohe Sensibilität. Regelmässige Besprechungen im Team über Situationen wie dem genannten Beispiel schärfen den Blick für das, was hilfreich ist oder schadet.

- Spirituelle Begleitung, die sich konsequent am Gegenüber orientiert, bringt Demenzkranke in Kontakt mit ihrem eigenen Schatz an spirituellen Erfahrungen.

Demenzkranke sind nicht leer, nicht ohne Geist, wie das Wort de-ment zu postulieren scheint. Sie bringen meist Jahrzehnte an Lebenserfahrung mit, das heisst auch Jahrzehnte an spiritueller Erfahrung. Wenn es gelingt, an diesen inneren Reichtum anzuknüpfen, wird den Kranken eine wertvolle Ressource erschlossen zur Bewältigung ihres Alltags im Schatten von Demenz.

Beispiel *Eine demenzkranke Frau schaut zum Fenster hinaus. Sie zögert, als eine Pflegende fragt, woran sie denke. Dann meint sie leise: «Wächst wohl ein Bäumlein auf meinem Grab?»*

Die alte Frau beschäftigt sich offenbar mit dem, was nach ihrem Tod sein wird. Sie hat für sich ein tröstliches Bild gefunden. Aus ihrem Grab wird vielleicht neues Leben wachsen in Form eines kleinen Baums. Eine Pflegende, die zuhört, spürt, was in dem Satz der Frau mitschwingt. Gelingt es ihr, das Bild behutsam aufzunehmen und sich mit der alten Frau darüber zu freuen, hilft sie ihr, es innerlich zu verankern. Im Innern kann das Bild eine Kraft entfalten, welche die Frau in der letzten Phase ihres Lebens trägt.

Eine besondere Herausforderung in der spirituellen Begleitung Demenzkranker liegt darin, dass sie Worte allein oft nicht mehr verstehen können. Deshalb muss beispielsweise Trost über das Erleben von Gemeinschaft von tröstender und getrösteter Person vermittelt werden. Insbesondere Menschen mit fortgeschrittener Demenz erfahren Gemeinschaft über körperliche Nähe wie Berührung, miteinander tanzen oder hin und her schaukeln. Echtes Erleben von Gemeinschaft ermöglicht auch Menschen mit fortgeschrittener Demenz, ihre Gefühle auszudrücken. So kann das Leiden geteilt und gelindert werden.

Beispiel *Pflegende merken, dass sie eine Bewohnerin zwar gut versorgen, aber nie bei ihr sind, ohne eine pflegerische Verrichtung zu tätigen. Sie beginnen, sich jeden Tag einmal* *zu ihr zu setzen, einige Minuten für sie da zu sein. Sie versuchen, sich innerlich auf die Bewohnerin auszurichten und ganz präsent zu sein, nicht nur physisch anwesend zu sein und die Gedanken schon um die nächste Bewohnerin oder den Ausgang am Abend kreisen zu lassen. Die Bewohnerin freut sich und wiederholt mehrmals: «Bleib ruhig da.» Die Pflegenden erleben, dass sie neue Seiten der Bewohnerin entdecken, die ihnen vorher nicht aufgefallen waren. Während der wenigen Minuten, die sie neben ihr sitzen, beschäftigen sie sich eingehender mit ihr als Person und sehen nicht nur den pflegebedürftigen Menschen wie bis anhin.*

Das Beispiel zeigt, dass spirituelle Begleitung nichts Aussergewöhnliches sein muss. Die Frau erlebt, dass Menschen da sind, die sich um ihretwillen um sie kümmern. Über die menschliche Zuwendung erfährt sie sich als angenommen und könnte etwas vom Getragenwerden im umfassenden Sinn erahnen, das in der Zuwendung von Menschen mitschwingt.

1.4 Kommunikative Instrumente

Spirituelle Bedürfnisse wahrnehmen und aufnehmen zu können, setzt neben der oben umschriebenen inneren Haltung der Pflegenden auch Kenntnisse über die Biografie eines Menschen sowie gute kommunikative Fähigkeiten voraus. Von den Instrumenten, welche Begleitenden zur Verfügung stehen, seien exemplarisch zwei aufgeführt.

Biografiearbeit

Unter Biografiearbeit versteht man eine kontinuierliche Aufmerksamkeit gegenüber der Geschichte von alten Menschen mit ihrer Fülle von Erinnerungen und Lebenserfahrungen. Die ganze Lebensgeschichte eines Menschen wird sich den Betreuenden nie völlig erschliessen. Auch Angehörige, die viel Zeit mit dem kranken Menschen verbracht haben, gewinnen kein umfassendes Bild seiner Geschichte. Biografiearbeit bedeutet geduldiges Zusammentragen von Fragmenten, die sich nach und nach zu einem Zusammenhängenden fügen. Sie braucht Zeit, Ruhe und aufmerksames Wahrnehmen der Äusserungen der Demenzkranken selbst sowie der Menschen, die sie gut kennen. Erinnerungen können sich aufgrund von Nachfragen einstellen, häufiger jedoch werden sie durch andere Auslöser wie Gerüche, Melodien oder Alltagssituationen geweckt.

Beispiel Betreuende beginnen, einer demenzkranken Frau am Abend vor dem Einschlafen die Füsse einzucrèmen. Plötzlich fängt die Frau an zu erzählen, wie sie als Kind barfuss über Wiesen lief. Sie hatte das damals genossen und freut sich über die Erinnerung.

Biografiearbeit umfasst Kenntnisse über:

- Kindheit und Familie – Wie ist jemand aufgewachsen? In welchen sozialen Verhältnissen? Gab es einschneidende Erlebnisse wie beispielsweise den frühen oder tragischen Tod eines Angehörigen? Wie war die Atmosphäre in der Herkunftsfamilie? Die Stellung des kranken Menschen darin? Gibt es Lieder und Sprichwörter aus dieser Zeit?
- Beruf und Arbeitsleben – Durfte jemand einen Beruf erlernen? Welchen? Wie gestaltete sich das Berufsleben?
- Heirat und Kinder – Hat jemand geheiratet? Kinder aufgezogen? Wie war oder ist das Verhältnis zu Ehepartner und Kindern?
- Bedeutsame Geschichten – Gibt es Schlüsselerlebnisse im Leben des kranken Menschen, die immer wieder in der Erinnerung auftauchen?
- Religiöse oder spirituelle Verankerung – Ist jemand religiös aufgewachsen? Welches Verhältnis hatte und hat jemand zu Religion beziehungsweise Spiritualität? Gibt es wichtige Rituale im Tages-, Wochen- oder Jahresablauf? Was ist bedeutsam im Leben des kranken Menschen? Was empfindet er als sinnvoll? Worauf vertraut er?

- Tagesablauf und Gewohnheiten – Wie gestaltet jemand seinen Tagesablauf? Welche Gewohnheiten sind ihm wichtig?
- Befindlichkeit und Gefühle – Welches ist die Grundstimmung eines Menschen? Von welchen Gefühlen sind die Erinnerungen begleitet?

Die angeführten Fragen sind als Hinweise zu verstehen. Die Liste erhebt nicht den Anspruch, vollständig zu sein.

Hilfreich als Anknüpfungspunkt für Begegnungen mit Demenzkranken kann ein Fotoalbum oder ein Plakat mit Fotos sein, das in Zusammenarbeit mit Angehörigen hergestellt wurde und allen Betreuenden zugänglich ist. Am besten eignen sich Fotos, die wichtige Ereignisse im Leben des Kranken festhalten. Beispielsweise Fotos von Geburt und Taufe, vom ersten Schultag, von Firmung oder Konfirmation, vom Berufsabschluss, von der Hochzeit und der Geburt der Kinder und Enkel. Als Ergänzung gehören dazu auch Gegenstände aus dem alltäglichen Leben wie ein Schlüsselbund, das Hundehalsband, die Strickarbeit, Häkeldeckchen, Werkzeuge und Souvenirs.

Integrative Validation

Ein zweites Instrument ist die Validation, die von Naomi Feil entwickelt und von Nicole Richard weitergeführt wurde. Es handelt sich dabei um eine Methode, einem Gegenüber Wertschätzung entgegenzubringen. Integrative Validation orientiert sich an der Gefühlswelt dementer Menschen. Die Kunst der Validation besteht darin, die innere Erlebniswelt des Demenzkranken zu erreichen. Sie entspringt einer Haltung, die sich weitgehend mit derjenigen deckt, die wir für spirituelle Begleitung voraussetzen, weshalb wir sie als ein geeignetes Instrument erachten. Integrative Validation bedeutet:

- Respektieren – des dementen Menschen sowie dessen grossen Reichtums an Lebenserfahrung.

- Sich einstimmen – auf den kranken Menschen und seine
  verbalen und non-verbalen Signale.
- Gefühle aufnehmen – die jemand äussert, und jedes Gefühl, beispielsweise auch Angst, Wut oder Heimweh akzeptieren und wertschätzen.
- Gefühle benennen – die jemand zum Ausdruck bringt.
  Das direkte Benennen gibt dem kranken Menschen eine
  Bestätigung seiner selbst.
- Keine Fragen stellen – die demente Menschen nicht zu
  beantworten vermögen. Vor allem die Frage «Warum?»
  überfordert Demenzkranke.

*Beispiel Eine an Demenz erkrankte Frau ruft nachts nach der
Betreuerin. «Ich kann nicht schlafen. Ein Einbrecher steht
in meinem Zimmer.» Die Betreuerin setzt sich auf den
Bettrand. «Ich spüre, dass Sie sich ängstigen. Ich sehe hier
niemanden und lasse für alle Fälle das Licht brennen und
die Tür offen, so dass Sie uns rufen können und wir Sie
hören.»*

Mögliche andere validierende Reaktionen können sein:
- *«Sie haben Angst. Ich singe jetzt ein Schlaflied für Sie
  und dann können Sie ganz ruhig schlafen.» Das Lied
  kann auch gesummt werden.*
- *«Ich spüre, dass Sie sich ängstigen. Ich bin bei Ihnen,
  und Sie sind von ‹guten Mächten wunderbar geborgen›.[1]» Anschliessend kann der ganze Vers zugespro-
  chen werden, sofern die Betreuerin weiss, dass er der
  Frau bekannt und lieb ist.*
- *Die Pflegende beruhigt: «Das ist sicher Ihr Schutzengel,
  der Sie heute Nacht behütet.» Die Bewohnerin schläft
  anschliessend ruhig.*

---

[1] «Von guten Mächten wunderbar geborgen, erwarten wir getrost,
was kommen mag.» / «Gott ist mit uns am Abend und am Morgen und ganz gewiss an jedem neuen Tag.» (Dietrich Bonhoeffer)

Nicht hilfreich sind folgende Reaktionen:
- *Die Betreuerin kommt, schaut unter das Bett und in alle Ecken des Zimmers. «Da ist kein Mann zu sehen. Sie können ruhig schlafen.»*
- *«Ich merke, dass Sie Angst haben. Das kann jedoch kein Einbrecher sein. Den hätte ich auf dem Gang gesehen.»*

Beispiel *Die alte demente Frau M., die in einer Institution lebt, weint: «Ich will nach Hause zu meiner Mama!»*

Eine hilfreiche Reaktion ist beispielsweise:
- *«Sie fühlen sich bei Ihrer Mama wohl sehr geborgen. Das muss eine liebe Frau sein. Ich kann gut verstehen, dass Sie Heimweh nach ihr haben.»*

Nicht validierende Reaktionen sind:
- *«Aber Frau M., Sie wissen doch ganz gut, dass Sie selbst schon über achtzig sind und Ihre Mama schon lange nicht mehr lebt.»*
- *«Aber Frau M., Ihre Mutter ist doch schon vor langer Zeit gestorben.»*

1.5 Erklärungsversuche

Wenn ein Mensch an Demenz erkrankt, kommt es häufig früher oder später zur Frage, welchen Sinn ein Leben mit Demenz haben kann. Ist ein sinnvolles Leben mit dieser Krankheit überhaupt möglich? Das ist eine Frage, die sich erkrankten Menschen selbst und in hohem Masse auch Angehörigen und Pflegenden stellen kann. Manchmal erschöpft sie sich in der Suche nach Erklärungen, das heisst, es wird nach einer Ursache im Leben des Erkrankten gesucht. Immer wieder wird dann auf verkürzte, religiöse Erklärungen zurückgegriffen. Die häufigsten Antworten werden hier kurz dargestellt. Es sind alles Beispiele aus der Praxis.[1]

Strafe

Die Krankheit wird als Strafe für begangene Sünden verstanden.

Beispiel *«Der Grossvater war Bauer. Oft ist er mit seinen Tieren nicht gut umgegangen. Ich glaube, darum hat Gott ihm nun diese Krankheit geschickt: Was der Mensch säet, das wird er ernten!»*

Beispiel *Eine Nichte sagt über ihre erkrankte Tante: «Sie hat den Sonntag nie eingehalten, sondern immer gearbeitet. Nun hat sie die Quittung!»*

Grundlage dieses Denkmusters ist ein dunkles, unfreundliches Gottesbild. Gott wird als übermächtiger Richter gesehen, dem nichts entgeht, der bestraft und unbedingten Gehorsam fordert. Es ist ein Gottesbild, das Angst auslöst. Manchmal ist es einem Menschen gar nicht bewusst, dass er ein dunkles Gottesbild in sich trägt. Es ist durchaus möglich, von einem Gott der Liebe zu reden, sich aber innerlich vor einem rachsüchtigen oder willkürlichen Gott zu ängstigen.

Pädagogik

Die Krankheit wird als pädagogischer Eingriff Gottes verstanden, damit der Mensch etwas lerne und sich anders verhalte.

Beispiel *«Ich war immer ein Macher. Mit dieser Krankheit hat Gott mich ruhig gestellt. Nun bin ich am Lernen, abhängig zu werden.»*

---

[1] Die Antworten und Beispiele stammen aus dem Forschungsprojekt zur Dissertation von R. Wuillemin (2006).

Die pädagogische Antwort kann der erkrankten Person oder ihrem Umfeld gelten. Die Krankheit soll die betroffene Person oder ihre Angehörigen etwas «lehren». Das Gottesbild ist freundlicher als das Bild des strafenden Gottes und trotzdem problematisch. Wenn Gott schwere Krankheiten als Erziehungsmittel einsetzt, ist er letztlich auch ein unfreundlicher Gott. Zudem stösst die Pädagogik-Antwort in Extremsituationen schnell an ihre Grenzen.

Karma
Die Krankheit ist eine Folge des Verhaltens in einem früheren Leben.

Die Verbreitung des Glaubens an eine Reinkarnation hat dazu geführt, dass Krankheiten oft auch auf das Karma der kranken Person zurückgeführt werden. Dieses Denkmuster entspricht in seiner verkürzten Form in etwa der Straf- oder Pädagogik-Antwort.

Beispiel *«Ich war in meinem früheren Leben im antiken Rom. Ich war Sklavenhändler und habe meine Sklaven schlecht behandelt. Das muss ich jetzt büssen.»*

Beispiel *«In einem früheren Leben habe ich versäumt, ruhig und stille zu werden. Die Krankheit gibt mir nun die Gelegenheit, das in diesem Leben zu lernen.»*

Der Karmagedanke kann für Menschen jedoch auch tröstlich sein: Sie sehen eine Chance, Fehler, für die sie in diesem Leben verantwortlich sind, in einem nächsten wiedergutzumachen.

Trivialisierung der Psychosomatik
Die Krankheit hat psychische Ursachen.

Eine weitverbreitete Interpretation ist heute eine stark verkürzte Anwendung von psychosomatischen Erkenntnissen. Körper und Psyche stehen in einer engen Beziehung zueinander. Körperliche Krankheiten können psychische Ursachen

haben. Dies ist eine wichtige Erkenntnis, die jedoch nicht verallgemeinert werden darf. Sie kann sonst dazu führen, dass
ein Mensch zusätzlich zu seiner Krankheit mit dem Suchen
nach den psychischen Ursachen belastet wird.

Beispiel *«Jede Krankheit will etwas bedeuten. Der Vater wollte in seinem Leben nie hinsehen und wahrnehmen, was
wirklich ist. Kein Wunder, dass er nun erblindet.»*

Die trivialisierte Erklärung der Krankheit als psychosoma-
tisch ist keine religiöse Antwort. Sie ist die «Schuld-Antwort»
in säkularer Form. Schuldig ist der Kranke nicht mehr gegenüber Gott, sondern gegenüber sich selbst.

Dass Menschen angesichts einer Krankheit wie Demenz nach
Ursachen oder Erklärungen suchen, ist verständlich. Sie versuchen damit, Ordnung in die verwirrenden Gefühle zu bringen, welche die Erkrankung bei ihnen auslöst, sowie die damit einhergehende Sprachlosigkeit zu überwinden. Es kann
durchaus sein, dass die oben dargestellten Erklärungsversuche für die Betroffenen anfänglich hilfreich sind. Was erklärt
und ausgesprochen ist, kann in ein Lebensganzes eingeordnet
werden und scheint Halt zu geben. Letztlich sind diese Erklärungsversuche jedoch allesamt problematisch und werden zum
«schmerzlichen Zusatzprogramm» (Morgenthaler, 1990) für
die Kranken und ihre Angehörigen. Sie scheinen zu erklären,
was nicht zu erklären ist, erzeugen Schuldgefühle und resul-
tieren oft in lieblosen Abqualifizierungen von kranken Menschen. Auch wenn sie religiös begründet erscheinen, führen
sie nicht zu dem, was im Leben und in der Krankheit trägt,
sondern stellen eine zusätzliche Belastung dar.

Beispiel *Ein religiös stark engagierter Mann besucht regelmässig Menschen in Pflegeinstitutionen. Er kommt häufig
auch bei Herrn S. vorbei, dessen Demenzerkrankung weit
fortgeschritten ist. Häufig trifft er auch die Angehörigen
von Herrn S. Er möchte sie trösten und sagt ihnen, dass*

29

alles, was auf Erden geschehe, einen Sinn habe, auch diese
Krankheit. Eines Tages wird es den Angehörigen zu viel.
Sie wehren sich gegen seine Deutung: «Wenn es für Sie
wichtig ist, in allem einen Sinn zu sehen, ist das Ihre Sache.
Wir aber stehen dem Leiden unseres Vaters einfach traurig
und ohnmächtig gegenüber. Wir ertragen Ihr Reden über
Sinn nicht mehr! Lassen Sie uns um Gottes Willen in Ruhe
mit ihrem Sinn!»

Wie können Begleitende reagieren, wenn Angehörige oder
Professionelle solche Deutungen der Krankheit anderer vertreten? Belastende Erklärungen können ihre Wirkung verlieren, wenn sie in einem ersten Schritt wahrgenommen und akzeptiert und in einem zweiten Schritt weitergeführt werden.

Möglichkeiten sind:
- *Die unterschiedlichen, zum Teil gegensätzlichen und*
  somit verwirrenden Gefühle ansprechen. Verständnis da-
  für zeigen, dass eine Krankheit ohnmächtig machen
  kann und dass sich Fragen nach dem ‹Warum› stellen
  können. Behutsam weiterführende Anregungen geben
  wie beispielsweise: Sind die bislang gefundenen Antwor-
  ten überzeugend? Sind sie nicht eigentlich unzurei-
  chend?
- *Ist die Beziehung zu einem Gegenüber tragfähig, kann*
  allenfalls ein konfrontierender Hinweis gewagt werden
  wie beispielsweise: «Ich stelle mir eben vor, welche
  Krankheit ich und Sie haben müssten, wenn wir für un-
  sere Fehler bestraft werden sollten.»

Es hat sich gezeigt, dass die oben genannten Deutungsver-
suche auch Stufen in einem Entwicklungsprozess sein können.[1] Über Zwischenschritte können belastende Erklärungen
aufgelöst werden. Wer beispielsweise eine Krankheit als Strafe Gottes betrachtet, kann diese Vorstellung nicht einfach ab-

---

[1]   Ergebnis der Untersuchung von R. Wuillemin, 2006, S. 263f.

legen. In diesem Fall könnte als Zwischenschritt die «Pädagogik-Antwort» ins Spiel gebracht werden.

Beispiel Die demenzkranke Mutter eines Mannes ist nach schwerer Krankheit gestorben. Der Sohn spricht Monate später mit einem Seelsorger. Er ist überzeugt, dass der Tod seiner Mutter eine Strafe für ihn ist, weil er aus der religiösen Gemeinschaft, der seine Mutter angehörte, ausgetreten ist. Das Gespräch mit dem Seelsorger führt zu einer neuen Deutung: Vielleicht hat Gott die Mutter zu sich genommen, damit er sich aus seiner Abhängigkeit von ihr befreien und lernen kann, ein eigenständiges Leben zu führen. Diese Antwort tröstet ihn. Er fühlt sich nicht mehr schuldig am Tod seiner Mutter. Ihr Tod ist nicht mehr die Strafe eines Richtergottes, sondern das pädagogische Eingreifen eines liebenden Gottes. Erst einige Zeit später kann sich der Mann auch von dieser Deutung verabschieden und damit umgehen, dass es auf die Frage nach der Bedeutung des Todes seiner Mutter keine Antwort gibt.

Wie können Begleitende reagieren, wenn jemand in der Anfangsphase seiner Demenzerkrankung selbst solche Deutungen vertritt? Nicht hilfreich ist es, über Erklärungsversuche zu diskutieren und zu versuchen, sie rational zu entkräften. In dieser Phase braucht der erkrankte Mensch vor allem Zuwendung und die Gewissheit, nicht fallengelassen zu werden.

Beispiel Eine demenzkranke Frau fragt ihre Enkelin weinend: «Was habe ich nur verbrochen, dass ich so leiden muss? Warum straft mich Gott?» Die Enkelin nimmt sie in die Arme und sagt: «Ich glaube nicht, dass du etwas verbrochen hast. Du bist meine liebe Grossmutter und bleibst es, was auch immer geschieht.»

Rationale Argumente würden das Erleben der alten Frau nicht erreichen. Sie erfährt sich in der Beziehung zu ihrer Enkelin aufgehoben und dadurch getröstet.

Antworten auf die Sinnfrage

Die Frage nach dem Sinn eines Lebens mit Demenz zielt auf etwas anderes als die oben erläuterten Erklärungsversuche.

Nach Viktor Frankl[1] gibt es keine einzige Lebens- und Leidenssituation, welche nicht eine Möglichkeit böte, sie in eine «sinnvolle Leistung» umzuwandeln. Das bedeutet, nicht nach Erklärungen für Krankheit und Leiden zu suchen, sondern die konkrete Situation als einmalige und besondere Lebensaufgabe anzusehen und danach zu fragen, welche Herausforderungen und vielleicht sogar neuen Möglichkeiten durch sie gegeben sind. «Wir müssen lernen und die verzweifelten Menschen lehren, dass es nie und nimmer darauf ankommt, was wir vom Leben noch zu erwarten haben, vielmehr lediglich darauf, was das Leben von uns erwartet!» Es geht darum «dass wir nicht mehr einfach nach dem Sinn des Lebens fragen, sondern dass wir uns selbst als die Befragten erleben, als diejenigen, an die das Leben täglich und stündlich Fragen stellt – Fragen, die wir zu beantworten haben, indem wir nicht durch ein Grübeln oder Reden, sondern nur durch ein Handeln, ein richtiges Verhalten, die rechte Antwort geben.» (Frankl, 1997, S. 124f.)

Beispiel Ein Mann besucht seine demenzkranke Frau fast täglich. Sie kann kaum mehr sprechen und sich nur mühevoll fortbewegen. Er begrüsst sie jeweils liebevoll und erzählt ihr Neuigkeiten. Er zeigt ihr die Briefe, die er erhalten hat, und liest die Ansichtskarte der Enkelin vor. Er hilft ihr beim Essen und geht mit ihr spazieren. Das alles geschieht mit einer Selbstverständlichkeit, die Begleitende berührt und die Frage nach dem Sinn seines Tuns überflüssig macht. Er hat sie bereits beantwortet mit seinem Verhalten.

---

[1] Viktor Frankl, 1905–1997. Wiener Psychiater und Psychotherapeut. Begründer der Logotherapie.

Angehörige von Demenzkranken, die sich mit der Krankheit auseinandersetzen, finden zu unterschiedlichen ‹Antworten› auf die Sinnfrage. Es handelt sich dabei nicht um ursächliche Erklärungen, sondern um ein Annehmen der Herausforderung, die das Leben an sie stellt, wodurch sich Sinnerfahrung einstellen kann.

Krankheit als *Weg zur Versöhnung*

Beispiel Eine Frau berichtet: «Ich hatte eine sehr schwierige Beziehung zu meiner Schwiegermutter. Sie konnte ihren Sohn, meinen Mann, nie loslassen und hat mich oft geplagt. Im Alter erkrankte sie an Demenz. Ich habe bei der Pflege mitgeholfen. Manchmal stieg Bitterkeit in mir auf: Sie hat mich ein halbes Leben lang geplagt und jetzt soll ich sie auch noch pflegen. Heute bin ich froh, dass ich es gemacht habe. Als ihre Krankheit weiter fortschritt, hat sie mir manchmal die Hand gedrückt und gesagt ‹Danke.› Das hat mich jeweils sehr bewegt. Die Verletzungen von früher sind nicht einfach verschwunden. Doch hat die Zeit ihrer Krankheit unsere Beziehung verändert, so dass ich heute ein Stück weit versöhnt an sie zurückdenken kann.»

Krankheit als *zu sich selbst kommen*

Beispiel Eine Frau begreift die Erkrankung ihrer Mutter als deren sukzessiven, jedoch deutlich wahrnehmbaren Rückzug auf sich selbst. Die Krankheit ermöglicht es der Mutter, sich der Hast ihres Lebens zu entziehen. Die Tochter sieht darin einen Sinn.

Krankheit als *sinnvolle Aufgabe*

Beispiel Eine junge Frau will einfach ihr Leben geniessen. Die unerwartete Krankheit ihres Vaters löst eine tiefgreifende Veränderung aus. Sie stellt sich der Herausforderung und findet neuen Lebenssinn darin, Menschen zu helfen

33

und «ihnen etwas von der Bürde abzunehmen, die sie belastet».

Krankheit als ‹Gnade›

Beispiel Ein Mann musste im Verlauf seines Lebens schlimme Erfahrungen machen. Die Demenzerkrankung hat die Erinnerungen ausgelöscht. Jemand sagt: «Er hat so viel Schlimmes erlebt. Gott sei Dank kann er vergessen.»

Krankheit als *Anstoss zu einem vertiefteren Glauben*

Beispiel In einer Familie erkrankt der Grossvater an Alzheimer. Die Familienmitglieder haben grosse Mühe, die Krankheit zu akzeptieren. Im Gespräch stellt sich heraus, dass die Familie freikirchlich geprägt ist. Was bedeutet es, dass der Grossvater seinen Glauben nicht mehr ausdrücken kann und beispielsweise beim Abendmahl betont aggressiv reagiert, Brot und Kelch sogar verweigert? Ist Gott abwesend? Oder ist der Grossvater vom Glauben abgekommen? Auf diese Fragen gibt es nach langem Ringen neue Antworten. Die Grossmutter muss lernen, dass das persönliche Bekenntnis des Glaubens nicht der einzige Massstab ist. Der Grossvater ist auch als kranker Mensch geliebt, angenommen und gerettet vor Gott. Die Familie erlebt mit dem dementen Grossvater eine ganz neue Dimension des Glaubens. Gottes Ja zum Menschen ist entscheidender als das menschliche Ja zu Gott.

Krankheit als *Weg des Abschiednehmens*

Beispiel «Ich kann meiner kranken Mutter etwas von dem zurückgeben, was sie mir gegeben hat.»

Beispiel «*Demenzkranke helfen mir, ganz in die Gegenwart zu kommen. Im Kontakt mit ihnen muss ich echt und ganz im Hier und Jetzt sein.*»

Auch Demenzkranke selbst suchen nach Sinn in dieser Lebensphase. Worin sie ihn finden, ist schwierig zu erheben. Die folgenden Beispiele können lediglich Hinweise darauf geben.

Beispiel *Ein früher sehr intellektueller Mann hört nach seiner Erkrankung oft Musik. Über sie findet er zu einer ihm bisher verschlossenen Form, Emotionen zu erleben und auszudrücken.*

Beispiel *Eine kranke Frau in einer Institution hilft, so gut es geht, mit. Sie faltet Tücher zusammen und hilft beim Verteilen des Essens. Diese Tätigkeiten erfüllen sie und geben ihrem Leben Sinn.*

Beispiel *Eine Frau streichelt manchmal den Menschen in ihrer Nähe die Wange oder berührt ihre Hand. Dabei blickt sie die anderen liebevoll an. Trotz ihrer Krankheit vermittelt sie ihnen ein Gefühl von Wertschätzung und Angenommensein.*

Die angeführten Beispiele zeigen, dass ‹Antworten› auf die Sinnfrage individuell sind. Sie haben für einen individuellen Menschen in seiner einmaligen Lebenssituation Gültigkeit und dürfen nicht verallgemeinert werden. Was jemand als sinnvoll empfindet, kann für andere sinnlos sein. Daraus folgt auch, dass Sinn grundsätzlich selbst gefunden werden muss. Es ist deshalb nicht angebracht, leidenden Menschen zu sagen, worin sie den Sinn in ihrer Situation sehen sollen. Das Suchen nach Sinn ist ein Prozess, der manchmal erst mit einem gewissen zeitlichen Abstand zum Abschluss kommt. Er basiert auf einer Reflexion der gemachten Erfahrungen, was inmitten einer Leidenssituation oft nicht möglich ist.

- Wir möchten an dieser Stelle auf eine Möglichkeit aus der jüdisch-christlichen Tradition hinweisen, Krankheit und Leiden zu bestehen: die *Klage*.

Durch die Klage wird Leid nicht erklärt, sondern vor Gott gebracht. Sie kann sich bis zur Anklage an Gott steigern mit Fragen wie ‹Warum?›, ‚‹Wozu?› oder ‹Wie lange noch?›. In den biblischen Psalmen findet sich eine Fülle von klagenden Gebeten. Die Klage geht einher mit starken Gefühlen und ist vom Jammern zu unterscheiden. Beim Jammern kreist jemand um sein Leiden und bleibt dabei stehen. In der Klage hingegen findet eine Entwicklung statt: Ein Mensch spricht aus, was sein Leben schwer macht, und wendet sich damit an Gott. So kann er zu neuem Vertrauen und neuer Hoffnung finden. Die Klage ist eine ‹Antwort› auf die Sinnfrage, indem sie die Frage gerade nicht beantwortet, sondern offen lässt.

2 Demenzkranke im privaten sozialen Umfeld

Spirituelle Begleitung setzt ein aufrichtiges Interesse am Gegenüber sowie an seinen konkreten Lebensumständen voraus. Nur so ist es möglich, die symbolischen Hinweise auf das, was das Leben eines Menschen bedeutsam macht, zu verstehen. Neben Kenntnissen über wichtige biografische Ereignisse ist deshalb auch ein eingehendes Wahrnehmen der gegenwärtigen Lebensumstände nötig.

Jeder Mensch ist in ein System von Beziehungen eingebettet. Bei einer Demenzerkrankung ist mit dem betroffenen Menschen auch sein ganzes System grossen Veränderungen und Belastungen ausgesetzt. Für Begleitende ist es wichtig, das Umfeld des Erkrankten, das heisst seine Familie, zu kennen und zu berücksichtigen. «Für die Definition der Familie ist entscheidend, wer als zugehörig bestimmt wird. Damit eine Familie als System wirkt, sind Zusammengehörigkeit und menschlicher Kontakt Vorbedingung. Dementsprechend besteht die Familie einer bestimmten Person aus all jenen Mitmenschen, die diese Person als ihre Familie betrachtet. Das heisst, dass die Familienmitglieder jene Mitmenschen sind, mit denen sich die Person verbunden fühlt und Kontakt pflegt. (...) Angehörige müssen nicht unbedingt verwandt sein. Manchmal übernehmen gute Freunde die Funktion der Familie.» (Friedemann, 1996, S. 31)

2.1 Auswirkungen auf das Familiensystem

Eine Demenzerkrankung hat zur Folge, dass eine Familie zusätzlichen Belastungen wie vermehrter Arbeit oder zusätzlichem finanziellem Druck ausgesetzt ist. Sie erfordert zudem, die Tatsache zu akzeptieren, dass ein geliebter Mensch nie mehr so sein wird, wie er früher war, und dass sich sein Zustand immer weiter verschlechtert. Bis anhin zugeteilte Verantwortlichkeiten und Zuständigkeiten müssen neu verteilt werden.

Angehörige von Menschen mit Demenz befinden sich in einer schwierigen Situation. Die Krankheit bedeutet auch für sie einen Einschnitt in ihrem Leben. Viele geraten in eine von aussen oft nicht wahrgenommene Lebens- oder Sinnkrise. Sie erleben sich als isoliert und in labiler emotionaler Verfassung. Aussenstehende interessieren sich meist in erster Linie für den erkrankten Menschen und fragen selten nach dem Ergehen der Angehörigen. Familienmitglieder brauchen Zeit, ihre neue Rolle und Aufgabe anzunehmen. Oft haben Angehörige unterschiedliches Grundwissen über die Krankheit, was zu Konflikten über ein gemeinsames Vorgehen führen kann.

Beispiel «*Wir können uns untereinander nicht einigen. Ich möchte Mutter zu Hause behalten. Meine Schwester möchte, dass sie in ein Pflegeheim geht. Wir sind uns nicht einmal darüber einig, was nicht richtig ist.*»

Beispiel «*Mein Bruder ruft nicht mehr an. Und spricht nicht mehr mit mir. Ich muss mich ganz allein um Mutter kümmern.*»

■ Angehörige brauchen Unterstützung, um mit den veränderten Lebensumständen zurechtzukommen.

Werden Angehörige ernst genommen, bekommen sie Anerkennung für das, was sie leisten, und wird ihre Befindlichkeit wahrgenommen, kann das zu einer spürbaren Entlastung führen. Angehörige brauchen Menschen, die ihnen gut zuhören können und wollen, Menschen, die ihre Situation nicht verharmlosen, sondern ernst nehmen. Sie brauchen auch Fachpersonen, die sich die Zeit nehmen, um ihnen das Krankheitsbild zu erklären. Falls ein offenes Gespräch mit der ganzen

Familie, zu dem Professionelle hinzugezogen werden, möglich ist, können Informationen über die Krankheit ausgetauscht werden, und es kann sich ein gemeinsames Vorgehen herauskristallisieren. Die einzelnen Familienmitglieder erleben sich dadurch wieder als eine zusammengehörende Gemeinschaft, von der sie sich getragen und unterstützt fühlen.

Veränderung der partnerschaftlichen Rolle

Eine Demenzerkrankung verändert auch die Beziehung zum Partner oder zur Partnerin. Man bleibt Ehepartner und doch ist nichts mehr so wie es früher war. Die Kommunikation wird schwierig, weil der erkrankte Mensch die Worte nicht mehr finden kann, um sich verständlich zu machen, oder er versteht nicht mehr, was der Gesunde ihm mitteilen möchte. Viele Angehörige haben das Gefühl, den Partner langsam zu verlieren, obwohl dieser ja noch da ist und sie mehr denn je braucht.

Beispiel «*Fast jeden Abend muss ich unsere Wohnung verlassen, weil mein Mann meint, seine Frau komme gleich. ‹Sie müssen jetzt gehen, es gehört sich nicht, dass eine fremde Frau so spät noch bei mir sitzt.› So bittet er mich hinaus. Anfangs versuchte ich noch, mich dagegen zu wehren, und sagte ihm, wir seien seit 30 Jahren verheiratet und wohnten hier zusammen. Er blieb unbeirrt. Und so stehe ich ausgesperrt vor der eigenen Wohnungstür. Nach einer Weile läute ich, mein Mann öffnet mir hocherfreut: ‹Wo warst Du? Ich habe mir schon Sorgen gemacht.›*»

Beispiel *Eine demenzkranke Frau sagt zu ihrem Mann: «Wer sind Sie? Bist Du überhaupt noch mein Mann? Wo ist mein Mann?»*

Sie will vielleicht mitteilen, sie fühle sich verloren oder entgleite sich selbst. Sie suche, wer oder was zu ihr gehöre. Für den Ehemann ist es schwierig, darauf nicht verletzt und traurig zu reagieren. Er weiss, dass die Äusserungen nicht persönlich gemeint sind, sondern die Verlorenheit seiner Frau ausdrücken. Er könnte ihr Geborgenheit vermitteln, indem er sie in den Arm nimmt und sie tröstet.

Es gibt auch andere Möglichkeiten, das Miteinander trotz schwierigen Situationen zu fördern.

- Aus spiritueller Sicht geht es immer darum, dem kranken Menschen zu zeigen, dass er auch nach der Erkrankung ein Teil der Lebensgemeinschaft bleibt. In der Erfahrung des Aufgehobenseins in den engsten Beziehungen kann das Eingebettetsein in dem umfassenden Sinn mitschwingen, in dem Menschen aufgehoben sind.

Auch Humor kann sehr entlastend und zugleich gemeinschaftsfördernd wirken. Eine andere Reaktion auf die Frage der demenzkranken Frau im obigen Beispiel könnte folgende sein.

Beispiel *Eine demenzkranke Frau sagt zu ihrem Mann: «Wer sind Sie? Bist Du überhaupt noch mein Mann? Wo ist mein Mann?»*

Der Mann könnte darauf antworten: «Hättest du denn lieber einen andern Mann als mich?»

Beispiel *Eine Ehefrau erzählt: «Beim Schlafengehen müssen wir die Mitte der Bettkante erwischen, damit er beim Hinlegen ins Bett passt. Sonst müssten wir ihn wieder mühselig in den Stand bringen und neu platzieren. Wenn er sitzt, wird sein Oberkörper gedreht, ein Schubs, und er fällt auf den Rücken ins Bett. Mehr beabsichtigt als zufällig passiert es dann, dass ich zusammen mit ihm falle und auf ihm einen Moment liegen bleibe. Das findet er so komisch, dass er sich vor Lachen nicht zu halten weiss. Für mich ist es jeden Abend eine Sekunde des Glücks. Wir lachen zusammen und halten uns fest.»*

Dieses Zusammen-Lachen und Sich-aneinander-Festhalten ist für beide Teile ein Geschenk. Beide spüren, wie sehr sie zusammengehören und wie wichtig sie füreinander sind.

Sofern es möglich ist, Gemeinsamkeiten beizubehalten, die die gegenseitige Zuneigung spüren lassen, können diese zu einer Quelle von Glücksmomenten werden. Dazu gehören beispielsweise Umarmungen, Hände zu halten, gemeinsam Musik zu hören, allenfalls sogar miteinander zu tanzen, und das Kochen von Lieblingsspeisen. Diese alltäglichen Zeichen bestärken das gegenseitige Gefühl der Zusammengehörigkeit.

Beispiel *Die Ehefrau eines an Alzheimer erkrankten Mannes kommt eines Tages auf die Idee, in einer schwierigen und ausweglos scheinenden Situation Ländlermusik aufzulegen und ihren Mann strahlend zu einem Tänzchen einzuladen. Er ist augenblicklich begeistert und kann auch noch so gut tanzen, dass das Kompliment seiner Frau ihm den Tag verschönt. Von da an kann sie fast jedes problematische Ereignis mit einem Tänzchen entschärfen.*

Durch die Krankheit verändern sich auch die Rollen im häuslichen Alltag. Angehörige müssen neue Verantwortlichkeiten übernehmen, wie die monatlichen Zahlungen oder Wäsche zu waschen. Eine neue Alltagsrolle zu übernehmen, die man noch nie ausgeübt hat, stellt für viele eine grosse Herausforderung dar.

Beispiel *«Das Schlimmste sind die Bankangelegenheiten. Wir sind 35 Jahre verheiratet, und jetzt muss ich lernen, mit den Geldgeschäften fertig zu werden.»*

Beispiel *«Ich fühle mich so ungeschickt, wenn ich Frauenunterwäsche im Waschautomaten waschen muss.»*

- Der kranke Mensch ist auf Hilfe angewiesen, gleichzeitig lehnt sich sein Stolz oft dagegen auf. Er hat ein Erwachsenenbewusstsein, möchte autonom sein und Verrichtungen, die er ein Leben lang selbst gemacht hat, nicht an andere abgeben.

Beispiel «*Ich weiss, dass mein Mann die Geldgeschäfte nicht mehr überblickt. Es scheint mir aber, dass ihm die Kreditkarte wegzunehmen, den letzten Rest seines männlichen Selbstbewusstseins beseitigt hat.*»

Die gesunde Person steht im Spannungsfeld zwischen Verantwortung und Bevormundung. Sie fühlt sich verpflichtet, für den erkrankten Partner zu sorgen und die Verantwortung für den gemeinsamen Alltag zu übernehmen, was einem ständigen Balanceakt gleichkommt. Denn der kranke Mensch hat immer noch seinen eigenen Willen, ist jedoch nicht mehr entscheidungsfähig. Für Angehörige ist das stete Abwägen und Ausprobieren eine anspruchsvolle Gratwanderung.

Veränderung der Eltern-Kind-Rolle

Im Lauf einer Demenzerkrankung können sich die Rollen von Kranken und Angehörigen nicht nur verändern, sondern sogar umkehren. Kranke Menschen, die bei alltäglichen Verrichtungen Hilfe benötigen, können nach und nach in eine Kinderrolle geraten. Das bedeutet umgekehrt, dass Kinder sich ungewollt plötzlich in einer Elternrolle wiederfinden. Es kommt häufig vor, dass die bereits erwachsenen Kinder diesen Rollenwechsel zwar einsehen, gefühlsmässig jedoch ablehnen.

Beispiel *Eine Tochter hält ihre demenzkranke Mutter, welche schon sehr pflegebedürftig ist, und stützt sie. Plötzlich lächelt die Mutter ganz glücklich und sagt ‹Mami›. Der Tochter fällt es schwer, in dieser Rolle auf die Mutter zu reagieren.*

Beispiel «*Ich kann meiner Mutter nicht sagen, dass sie nicht mehr allein leben darf. Ich weiss, dass ich es muss, aber jedes Mal, wenn ich es versuche, lässt sie mich fühlen, dass ich ein kleines Kind bin, das etwas Schlimmes angestellt hat.»*

Isolierung von Angehörigen

Die Pflege und Betreuung eines demenzkranken Familienmitglieds fordert von den Angehörigen einen umfassenden Einsatz. Sie können die kranke Person nicht allein zu Hause lassen und müssen deshalb ihre eigenen Aktivitäten einschränken. Auch das Pflegen von Beziehungen wird schwieriger. Besuche von Freunden und Bekannten werden seltener, da sie der Umgang mit dem demenzkranken Menschen oft überfordert. Angehörige laufen dadurch Gefahr, sich mit der Zeit sozial zu isolieren.

Beispiel *Die Demenz eines mathematisch begabten und philosophisch interessierten Lehrers tritt immer deutlicher zutage. Seine langjährigen Gesprächspartner ziehen sich allmählich zurück. Das gemeinsame Schachspiel ist für die Besucher nicht mehr interessant, und philosophische Fragen können nicht mehr diskutiert werden. Die Ehefrau, die sich aufgrund ihres Eheversprechens verpflichtet fühlt, ihren Mann so lange als möglich zu Hause zu pflegen, vereinsamt mit ihm.*

Damit das nicht geschieht, sind Kontakte mit Aussenstehenden von Anfang an systematisch zu pflegen. Das kann mit Menschen aus der Verwandtschaft, aus dem Freundes- und Bekanntenkreis oder der Nachbarschaft sein. Besuche von Kindern und Enkeln sind hier besonders zu erwähnen. Auch das Teilnehmen an Selbsthilfegruppen und Gruppen der örtlichen Kirchgemeinde oder Pfarrei kann der Isolierung entgegenwirken. Aussenstehende sind oft gerne bereit, zu helfen, wissen jedoch nicht, was sie tun könnten. Sie sind darauf angewiesen, dass Angehörige ihnen konkrete Hinweise geben.

Beispiel *Der Wunsch einer Frau, am Sonntag wieder einmal den Gottesdienst zu besuchen, stösst beim demenzkranken*

Ehemann auf Unverständnis. Jedes Mal, wenn sie wegge-
hen möchte, klammert er sich an sie oder verhindert durch
ein Missgeschick, dass sie das Haus verlässt. Bei einem Spa-
ziergang treffen sie eine Nachbarin. Die Frau deutet ihren
Wunsch an. Die Nachbarin versteht das Signal. Es findet
sich ein Bekannter, der einmal im Monat am Sonntagvor-
mittag einen längeren Spaziergang mit dem demenzkranken
Mann unternimmt. Die Ehefrau kann während dieser Zeit
in Ruhe den Gottesdienst besuchen.

2.2 Zu Hause miteinander leben

Wir behandeln im Folgenden einige ausgewählte Situationen,
die im gemeinsamen Alltag mit Demenzkranken häufig vorkommen.

Eine Frühdiagnose einholen

- Demenzerkrankungen sind heute noch nicht heilbar.
Dennoch ist eine Frühdiagnose von Bedeutung, da mit entsprechenden Medikamenten der Verlauf der Krankheit ver-
langsamt werden kann.

Zu Beginn einer Erkrankung ist es auch möglich, mit dem betroffenen Menschen das zukünftige Zusammenleben zu planen und Entscheidungen gemeinsam zu treffen. Dazu zählt beispielsweise, abzuklären, ob es möglich ist, den kranken Menschen zu Hause zu pflegen, oder ob es sinnvoller ist, sich nach
einer Institution umzusehen. Auch eine allfällige Patientenverfügung oder testamentarische Verfügungen gehören dazu.
   Eine beginnende Demenz schiebt sich als etwas Bedrohli-
ches zwischen menschliche Beziehungen und gefährdet das
gewohnte Alltagsleben. Betroffene Menschen merken, dass
sie vergesslich werden und sich nicht mehr darauf verlassen
können, dass sie wie bis anhin funktionieren. Oft entwickeln

sie Strategien, um Defizite zu vertuschen. Sie wollen nicht wahrhaben, was mit ihnen geschieht, und wollen das vorausgeahnte Leiden verdrängen. Auch den Angehörigen entgehen die kleinen Veränderungen nicht, und sie reagieren allenfalls befremdet bis ablehnend. Die kranken Menschen merken, dass sie anders sein sollten. Sie fühlen sich nicht mehr so akzeptiert wie zuvor, allein gelassen mit ihren Ängsten und ihrem Leiden.

• Aus spiritueller Sicht ist es wichtig, den betroffenen Menschen zu zeigen, dass sie nicht aus der tragenden Lebensgemeinschaft hinausgleiten. Sie spüren zu lassen, dass sie auch als kranke Menschen dazugehören und weiterhin ihren Platz in der Familie haben. Die Anzeichen, die auf die beginnende Krankheit hinweisen, offen anzusprechen sowie sie anzunehmen, erleichtert alle Beteiligten spürbar. Das Leiden wird wahrgenommen und gemeinsam getragen.

Den Alltag strukturieren

Ein geordneter, gut strukturierter und regelmässig ablaufender Alltag bietet demenzkranken Personen einen Rahmen, in dem sie sich auch bei fortschreitender Krankheit zurechtfinden und ihre alltäglichen Verrichtungen ausüben können. Kleine, alltägliche Rituale geben Sicherheit.

Das bedeutet beispielsweise, am Morgen jeweils liebevoll geweckt zu werden, zu einer bestimmten Zeit aufzustehen, geregelte Mahlzeiten einzunehmen, regelmässige Bewegung und gemeinsame Spaziergänge einzuplanen und Besuche zu organisieren.

Auto fahren

Im frühen Krankheitsstadium können die erkrankten Menschen meist noch sicher Auto fahren. Mit dem Fortschreiten der Krankheit nimmt diese Fähigkeit ab. Viele Kranke geben das Autofahren nur ungern auf, weil es ihnen ein Gefühl von

Selbständigkeit vermittelt. Sie halten sich für fahrtüchtig und verstehen nicht, dass man sie nicht mehr fahren lassen will. Es kann sehr schwierig sein, sie davon zu überzeugen, das Fahren aufzugeben. Anderseits gefährden sie auf der Strasse sich und andere, weshalb ein Entscheid nicht zu lange hinausgezögert werden darf. Eine Untersuchung der Fahrtüchtigkeit des kranken Menschen durch den Haus- oder einen Vertrauensarzt entlastet Angehörige vom häuslichen Konflikt.[1] Bei Massnahmen wie Autoschlüssel verstecken, das Auto ausser Sichtweise parken oder verkaufen, ist zu bedenken, dass sie eine Bevormundung des kranken Menschen bedeuten. Sie sind allenfalls nötig, um akute Selbst- oder Fremdgefährdungen auszuschliessen.

Beispiel *Eine Frau lässt das Auto unverschlossen, aber ohne Zündschlüssel vor dem Haus stehen. Ihr Mann setzt sich ab und zu hinein und «fährt» stundenlang herum.*

• Aus spiritueller Perspektive ist uns wichtig zu betonen, dass die innere Haltung bei allen Massnahmen eine grosse Rolle spielt. Es ist ein Unterschied, ob Angehörige mit innerem Respekt und Wohlwollen gegenüber dem Kranken den Autoschlüssel verstecken oder ob sie ihn dabei innerlich abwerten und nicht mehr für voll nehmen.

Die Einrichtung anpassen

• Es ist zu empfehlen, die Umgebung im häuslichen Bereich frühzeitig pflegegerecht einzurichten und Unfällen vorzubeugen.

---

[1]   Vergleiche dazu auch: Mix, St. et al. Fahreignung bei Demenz: eine Herausforderung für neuropsychologische Diagnostik und Beratung. Zeitschrift für Gerontopsychologie und -psychiatrie 17. (2004). H. 2: 97–108.

Die folgende Checkliste basiert auf Empfehlungen der Schweizerischen Alzheimervereinigung[1]. Die aufgeführten Massnahmen sind als Hinweise zu verstehen und den individuellen Umständen anzupassen:

- Rutschende Teppiche und Kabel vom Boden entfernen, um Stürze zu vermeiden.
- Schwellen entfernen
- Giftige Pflanzen ausser Reichweite platzieren
- Putzmittel und Medikamente wegschliessen
- Haltegriffe in Badewanne, Dusche, Toilette anbringen
- Einen Treppenlift einbauen
- Sicherungen beim Kochherd einbauen
- Elektrogeräte, Bügeleisen, spitze Gegenstände entfernen
- Verriegelungsmöglichkeiten an Schränken anbringen
- Fenster und Balkontüren sichern
- Nachtlicht brennen lassen, um den Weg zur Toilette zu erleichtern
- Tür zur Toilette offen lassen
- Ein Stuhl mit Armlehnen erleichtert dem Erkrankten das Aufstehen und sich Setzen

Bei Ehepaaren ist zu überlegen, ob ein gemeinsames oder getrenntes Schlafzimmer den Bedürfnissen beider Ehegatten am besten gerecht wird.

Die Veränderungen sollten schrittweise eingeführt werden und dürfen den demenzkranken Menschen nicht überfordern. Er muss sich in der häuslichen Umgebung noch zurechtfinden können, sonst gefährden ihn die Massnahmen mehr als sie ihn schützen. Es geht darum, sorgfältig zu überlegen, welche Veränderungen aus Sicherheitsgründen notwendig sind und wie zugleich möglichst viel an Vertrautheit erhalten bleiben kann.

---

[1] Schweizerische Alzheimervereinigung. Leben mit Demenz. Tipps für Angehörige und Betreuende. (2003).

Sinnvolles Tun

Demenzkranke Menschen leiden daran, dass sie ihr Leben als sinnlos empfinden. Sie möchten gebraucht werden und etwas Sinnvolles tun. Ohne alltägliche Beschäftigungen langweilen sie sich, sie fühlen sich nutzlos und dadurch unzufrieden und frustriert. Das kann dazu führen, dass sie das Interesse an ihrer Umgebung verlieren oder aggressiv werden. Allenfalls treten auch depressive Verstimmungen bis hin zu Depressionen auf. Kranke Menschen sollten deshalb nach Möglichkeit in die häuslichen Arbeiten einbezogen werden. Das kommt ihrem Bedürfnis entgegen, weiterhin als vollwertiges Familienmitglied betrachtet zu werden. Sie an den Hausarbeiten zu beteiligen, ist zeitaufwendig, aber lohnend. Es wirkt dem Gefühl der Sinnlosigkeit entgegen und fördert das Miteinander. Geeignete Aktivitäten helfen ihnen, ihre Fähigkeiten möglichst lange aufrechtzuerhalten, sie wecken Interesse und erhöhen ihre Zufriedenheit. Das Zusammenleben wird für Gesunde und Kranke freudvoller.

Beispiel «*Stefan lässt mich keine Mahlzeit allein kochen. Er will mir unbedingt dabei helfen. Manchmal muss ich insgeheim etwas noch einmal machen oder zu Ende bringen. Aber das ist nicht wichtig. Einmal habe ich einen Wassereimer voll mit geschälten und verfaulten Kartoffeln gefunden. Der Gestank war scheusslich. Dennoch schätze ich seine Hilfe. Als ich ihm das einmal sagte, lachte er und antwortete: ‹Ich weiss gar nicht, wie Du das vorher gemacht hast!›*»[1]

Bei der Auswahl der Beschäftigungen sind folgende Überlegungen hilfreich:

- Rollen, die der kranke Mensch bisher übernommen hat, sollten möglichst beibehalten werden: z.B. die Hausfrau

---

[1] Beispiel von Alzheimer Europe.

beim Kochen beteiligen oder den Hobbygärtner beim Pflegen von Blumen und Pflanzen.

- Die Tätigkeiten in kleine, überschaubare Arbeitsschritte unterteilen.
- Die Arbeiten klar und deutlich umschreiben und allenfalls gemeinsam verrichten.
- Bei kleinen Schwierigkeiten nicht gleich eingreifen. Das ist eine Bevormundung der Kranken, zeigt ihnen, dass sie etwas nicht mehr können, und kann sie passiv oder aggressiv machen.
- Kranke können sich jeweils nur auf eines konzentrieren: Gemüse zu putzen und dazu Radio zu hören z.b., überfordert sie.
- Demenzkranke Menschen können sich in der Regel 15 bis 20 Minuten lang konzentrieren.
- Ruhephasen zwischen den Aktivitäten einplanen.
- Den kranken Menschen zu ermutigen, ihn zu loben und sich für seine Hilfe zu bedanken, macht das gemeinsame Tun zu einem Erfolgserlebnis.

Beispiel aus einer Institution: Ein an Demenz erkrankter Mann wiederholt die gleichen Arm- und Handbewegungen. Er versucht, etwas, was vor ihm liegt, von sich weg zu schieben. Betreuende finden heraus, dass er Bäcker war. Seine Bewegung deutet darauf hin, dass er Brötchen oder Brot in den Ofen schieben will. Fortan kann er in der Küche des Heims, in dem er lebt, beim Backen helfen, was seine Zufriedenheit erheblich verbessert. Er scheint dabei sogar glückliche Momente zu erleben.

Neben den häuslichen Arbeiten stärken gemeinsame Aktivitäten wie Fotoalben oder alte Filme betrachten, bekannte Spiele spielen, Geschichten vorlesen sowie vertraute Lieder singen das Gefühl von Geborgenheit. Auch Haustiere, die versorgt und gestreichelt werden können, tragen wesentlich zur häuslichen Vertrautheit bei.

Berufstätige Angehörige

Bei fortschreitender Krankheit kann es sein, dass berufstätige Angehörige ihre Arbeit teilweise oder ganz aufgeben, um den kranken Menschen besser betreuen und pflegen zu können.[1] Sie wirken damit der Doppelbelastung durch Beruf und Pflege entgegen, müssen jedoch neue Probleme lösen. Der Verlust eines regelmässigen Einkommens oder dessen Einbusse beispielsweise führt zu einer Reduktion der Altersrente.

Übernimmt ein Familienmitglied die Pflege, empfiehlt es sich, einen Betreuungs- und Pflegevertrag abzuschliessen.[2]

Besuchsdienste in Anspruch nehmen

Viele Kirchgemeinden und Pfarreien haben Besuchsdienste eingerichtet. Regelmässige Besuche einer aussenstehenden Person entlasten Angehörige und erhöhen die Lebensqualität des kranken Menschen. Allerdings sind Besuche bei Demenzkranken anspruchsvoll und Besuchende müssen gut darauf vorbereitet werden. Dazu im Folgenden einige Hinweise:

- Besuche sind sorgfältig zu planen und zunächst einmal versuchsweise einzuführen.
- Der Zeitpunkt der Besuche ist der Tagesform des kranken Menschen anzupassen.
- Besuchende informieren sich vorgängig bei den Angehörigen über Vorlieben und Abneigungen, Interessen und Fähigkeiten des kranken Menschen.
- Bei jedem Besuch stellen sich die Besuchenden mit ihrem Namen vor und schlagen dem kranken Menschen vor,

---

[1] Vergleiche dazu: work&care. Studie der Kaleidos Fachhochschule Schweiz. Leitung Dr. Iren Bischofberger (Abschluss Oktober 2009).

[2] Vergleiche dazu den Betreuungs- und Pflegevertrag von Pro Senectute Schweiz: https://www.pro-senectute.ch/uploads/media/ Betreuungs_und_Pflegevertrag_d_03.pdf.

was sie gemeinsam unternehmen könnten. Beispielsweise Tee trinken, spazieren gehen oder Fotos anschauen.

- Besuchende sind auf Unvorhergesehenes vorzubereiten, da ein demenzkranker Mensch einem sonst jederzeit willkommenen Besucher plötzlich ablehnend begegnen kann. Das kann beim nächsten Besuch wieder völlig anders sein und ist nicht persönlich zu nehmen.
- Eine Nottelefonnummer, über die Besuchende jederzeit Angehörige kontaktieren können, gibt Sicherheit.

In der Regel freuen sich Menschen mit Demenz über regelmässige Besuche. Sie erinnern sich wahrscheinlich nicht an den Namen des Besuchers/der Besucherin, häufig jedoch an das Gesicht oder die Stimme eines ihnen freundlich zugewandten Menschen und strahlen, wenn dieser wiederkommt. Für Angehörige bedeutet jeder Besuch ein kleines Stück Freiheit. Der kranke Mensch fühlt sich durch einen Besuch, der allein ihm gilt, wertgeschätzt.

Ambulante Pflegedienste

Schreitet die Krankheit weiter fort, erleichtern ambulante Pflegedienste und Haushalthilfen die Pflege zu Hause. Von Angehörigen erfordert es eine innere Bereitschaft, einen Teil ihrer Verantwortung fremden Menschen abzugeben. Besonders alte Menschen verhalten sich oft ablehnend gegenüber Vorschlägen, aussenstehende Menschen einzubeziehen. Sie befürchten, deren Anwesenheit bringe zusätzliche Unruhe in ihren ohnehin schon anstrengenden Alltag. Es kann auch sein, dass Fachleute andere Vorstellungen über die Pflege haben als die Angehörigen, was zu Konflikten führt. Es ist daher wichtig, pflegenden Angehörigen Zeit für Umstellungen zu lassen und die Pflege des kranken Menschen mit ihnen zu besprechen.

Tages- oder Nachtklinik

Tagesheime mit therapeutischen Angeboten wie Alltagstraining, Turnen und Spielen oder Nachtkliniken können Angehörige entlasten und Demenzkranken Anregungen bieten. Damit das gelingt, sind einige Schritte zu beachten.

- Die Angehörigen müssen sich bei dem Gedanken, das demenzkranke Familienmitglied in ein Tagesheim oder eine Nachtklinik zu geben, wohlfühlen.
- Zur Eingewöhnung ist es gut, den kranken Menschen anfänglich nur kurze Zeit, beispielsweise eine Stunde, in die Tagesklinik zu bringen und bei ihm zu bleiben; mit der Zeit kann die Dauer des Aufenthaltes ausgeweitet werden.
- Transportdienste sollten den kranken Menschen nicht nur abholen, sondern den Angehörigen auch helfen, ihn für die Tagesklinik bereit zu machen.
- Die Tagesform des Kranken ist zu beachten.

Beispiel Ein demenzkranker Mann, der regelmässig eine Tagesklinik besucht, ist wegen Übermüdung jeweils sehr unruhig, wenn er nach Hause kommt. Für seine Frau ist das belastend. Sie bittet darum, den Ehemann eine halbe Stunde früher nach Hause zu bringen. Dann ist er zwar auch müde, aber noch ruhig. Nach einem kurzen Schlaf ist er für den Rest des Abends entspannt.

Hilfe in Anspruch zu nehmen, verschafft pflegenden Angehörigen einen kleinen Freiraum, um sich zu erholen. Danach können sie sich dem kranken Menschen mit neuer Kraft wieder liebevoll zuzuwenden.

2.3 Umgang mit Ambivalenzen

Zwischen Ablehnung und Annahme der Krankheit

Eine beginnende Demenz ist für Betroffene und deren Angehörige bedrohlich und herausfordernd. «Das kann nicht wahr sein ...» ist oft eine erste, verständliche, Reaktion, auf die eine Phase des Verschweigens und Vertuschens der Krankheit folgen kann.

Beispiel Ein Mann, der seine demenzkranke Frau zu Hause betreut, verschweigt während langer Zeit sowohl gegenüber seinen Kindern wie auch gegenüber Freunden die Krankheit seiner Frau. Er schämt sich für sie und will den Eindruck aufrechterhalten, es sei alles in Ordnung. Innert kurzer Zeit erleidet er zwei Herzinfarkte, die Spital- und Rehabilitationsaufenthalte nötig machen. Der Hausarzt muss die drei erwachsenen Kinder informieren. Diese übernehmen zwischenzeitlich die Pflege und Betreuung der Mutter. Nach der Rückkehr des Vaters verbringt seine Frau zwei Tage pro Woche in einer Tagesklinik. Die Kinder haben das zu seiner Entlastung veranlasst.

Der Mann im genannten Beispiel versucht so lange als möglich, die Anzeichen der Krankheit seiner Frau zu verdrängen. Da demenzkranke Menschen selber Strategien entwickeln, um Symptome zu überspielen, bemerken die weiteren Familienmitglieder die sich anbahnende Krankheit über längere Zeit hinweg nicht. Der Ehemann leidet jedoch unter der Situation, was sich körperlich und seelisch bemerkbar macht. Er beschränkt Kontakte zur Familie, zu Freunden und Bekannten auf ein Minimum, wodurch er vereinsamt. Erst die beiden Herzinfarkte führen dazu, dass die Krankheit seiner Frau nicht mehr länger verschwiegen werden kann.

▪ Angehörige brauchen manchmal geraume Zeit, bis sie die Tatsache, dass ein Familienmitglied demenzkrank ist, akzeptieren können.

Der Prozess, den sie durchlaufen, kann über die im Folgenden angegebenen Phasen führen, wobei sogleich anzumerken ist, dass es grosse Unterschiede in den Reaktionsweisen von

Angehörigen auf die Krankheit eines Familienmitglieds gibt. Jedes Familiensystem reagiert individuell auf die Herausforderung Demenz. Unter diesem Vorbehalt sind die angeführten Phasen zu lesen.

- Erste Anzeichen einer Demenz werden übersehen und verdrängt. Angehörige wie auch Betroffene wollen die Krankheit nicht wahrhaben.
- Auftretende Symptome, die auf eine Demenz hinweisen, werden vertuscht, überspielt und verschwiegen.
- Angehörige schämen sich, wenn sich das kranke Familienmitglied auffällig verhält.
- Das Verschweigen und Vertuschen wird anstrengend und beginnt, die Angehörigen zu überfordern.
- Aggressionen gegenüber dem Kranken können sich einstellen, die allenfalls dazu führen, dass sie den Kranken anschreien, beschimpfen oder sogar schlagen.
- Das erzeugt bei den Angehörigen Gefühle von Schuld und Versagen.
- Allenfalls braucht es einen äusseren Anstoss wie einen körperlichen oder seelischen Zusammenbruch, damit Angehörige die Krankheit wahr- und annehmen.
- Sie verabschieden sich von der Vorstellung, dass das Leben mit der kranken Person wieder wie früher werden wird.
- Gespräche mit vertrauten Personen helfen, die damit verbundene Trauer zu verarbeiten.

Bis zum Annehmen nicht nur der Krankheit sondern auch des Familienmitglieds mit seiner Krankheit ist es oft ein weiter Weg.

- Aus spiritueller Sicht geht es darum, der demenzkranken Person zu zeigen, dass sie mit allem, was zu ihr gehört, auch mit der Demenz, ein akzeptiertes und geliebtes Mitglied der Lebensgemeinschaft bleibt.

Nur so kann sie sich in einem umfassenden Sinn getragen und geborgen fühlen. Demenzkranke reagieren sensibel auf Reaktionen und Äusserungen ihrer Angehörigen. Spüren sie, dass sie andern zur Last fallen, kann das auch bei ihnen Gefühle von Schuld und Versagen auslösen sowie den Eindruck verstärken, dass ihr Leben sinnlos sei. Sätze wie «Ich fühle mich wie ein Idiot» oder «Ich falle dir ja nur noch zur Last» weisen darauf hin.

Zwischen Fürsorge und Selbstsorge

Pflegende Angehörige stehen häufig in einem Zwiespalt. Sie fühlen sich verpflichtet, für den kranken Menschen zu sorgen, und tun das auch gerne, zugleich haben sie eigene Bedürfnisse, deren Befriedigung für ihr Wohlbefinden ebenso nötig ist. Oft passen sie sich dem kranken Menschen zu sehr an, geben beispielsweise bei Diskussionen und auftauchenden Problemen sogleich nach, um den häuslichen Frieden zu wahren. Das hat zur Folge, dass sie nicht mehr ganz sich selbst sind. Angehörige sind die wichtigsten Bezugspersonen für demente Menschen. Übergehen sie die eigenen Bedürfnisse, kann das zu Aggressionen gegenüber dem Kranken führen, diese ziehen Schuldgefühle nach sich, was eine zusätzliche Belastung darstellt und zu neuen Aggressionen führt. Ein Teufelskreis, dem nur schwer zu entkommen ist.

- Für den kranken Menschen da zu sein, ohne selbst krank zu werden, ist eine ständige Gratwanderung. Es bedeutet, zu den eigenen Grenzen zu stehen, professionelle Hilfe in Anspruch zu nehmen sowie sich innere und äussere Kraftquellen zu erschliessen.

Beispielsweise Spaziergänge in der Natur, Gartenarbeit, Musik hören oder selbst musizieren, Freunde und Freundinnen treffen, an Meditationskursen teilnehmen, Theater- oder

Konzerte besuchen, lesen, tanzen, Yogakurse besuchen und anderes mehr. Alles, was Freude bereitet, innerlich stärkt und vom Alltag ablenkt, stützt Angehörige in ihrer anspruchsvollen Aufgabe.

Beispiel *Einer pflegenden Ehefrau bietet sich dank des Einsatzes einer Freiwilligen die Möglichkeit, einmal pro Monat drei Tage in einem ehemaligen Kloster zu verbringen. Dort kann sie sich ausschlafen sowie an Meditationen und Kursen teilnehmen, die ihr helfen, ihr inneres Gleichgewicht zu finden. So gestärkt, kann sie ihrem Mann wieder mit Geduld, Liebe und Humor begegnen.*

Beispiel *Eine 90-jährige Frau mit beginnender Demenz wird nach einem Schlaganfall in ihrer Stadtwohnung gepflegt. Nachts, wenn sie nicht schlafen kann, beginnt sie zu rufen: «Anna, Anna, Anna hörst du mich nicht?» Erfolglos versucht die betreuende Tochter, sie zu beruhigen. Die Mutter ruft immer weiter: «Anna! Anna!» Nachdem die Tochter abgeklärt hat, dass weder Schmerzen noch sonst ein dringendes Bedürfnis vorliegen, legt sie sich wieder schlafen. Sie beruhigt sich mit dem Gedanken: «Schön, dass mein Name im Universum erklingt» und schläft wieder ein. Auch die Mutter beruhigt sich.*

Einige Wochen später beginnt die Mutter wieder zu rufen: «Anna, Anna komm, ich muss sterben. Wenn du nicht kommst, wirst du deines Lebens nicht mehr froh.» Das anhaltende Rufen belastet die Tochter. Alles liebevolle Zureden ist erfolglos. Mitten in der Nacht trifft sie die Entscheidung, das Verhalten der Mutter genau zu protokollieren und am nächsten Tag professionelle Hilfe anzufordern. Sie beginnt konzentriert zu schreiben. Das Rufen verstummt.

Professionelle Hilfe in Anspruch zu nehmen, kann Angehörige stützen und entlasten. Gefahrensignale wie Trauer, Wut, Schmerzen, Müdigkeit, Erschöpfung, Magen- oder Herzbeschwerden sind unbedingt zu beachten und es sollte rechtzeitig fachliche Hilfe gesucht werden.

Auch Gesprächsgruppen von Betroffenen können Angehörige innerlich stärken. Sie bieten einen Raum, in dem Angehörige ihre Gefühle mit anderen Menschen teilen und erkennen können, dass sie mit diesen nicht allein sind. Die Gruppenmitglieder können einander gegenseitig helfen, Selbst- und Fürsorge in eine Balance zu bringen. Das setzt allerdings eine regelmässige Teilnahme voraus, da sonst das erforderliche Vertrauensverhältnis nicht entstehen kann.

Beispiel Ein Mann, der seine demenzkranke Frau zu Hause betreut, ist an der Grenze seiner Kräfte angelangt. Es droht eine Heimeinweisung seiner Frau, obwohl ihm bewusst ist, dass es mit entsprechender Unterstützung möglich wäre, sie zu Hause zu behalten. Er nimmt an einer Gesprächsgruppe teil und erlebt, dass andere mit ähnlichen Sorgen und Problemen kämpfen. Die Empathie der Gruppenmitglieder, gute Tipps sowie ein Medikament, welches eine Gerontopsychiaterin seiner Frau verschreibt, verbessern die Situation spürbar. Die Heimeinweisung kann um zwei Jahre hinausgeschoben werden.

Zwischen Pflege zu Hause und Einweisung in eine Institution

Beispiel aus dem Tagebuch einer Tochter: «Was würdest du dazu sagen, Mutter, wenn du denken könntest und hören würdest, dass ich dich in ein Heim geben werde, weil ich mich alt, elend und völlig kraftlos fühle? Ich streichle deine Hände und spreche zu dir, und ich weiss eigentlich auch, was deine Antwort wäre. Du würdest zustimmen, sagen, das sei nicht so schlimm, es würde schon gehen. Du würdest weinen dabei, weil alles auch zum Weinen ist zur Zeit.»

Die Pflege eines demenzkranken Familienmitglieds kann so anspruchsvoll werden, dass sie die Angehörigen trotz Unterstützung von Aussenstehenden überfordert und die Einweisung in eine Institution unumgänglich wird.

- Vielen Angehörigen fällt der Entscheid, ein Familienmitglied einer Institution anzuvertrauen, sehr schwer. Es ist zu empfehlen, diesen Entscheid nach Möglichkeit mit der ganzen Familie und unter Einbeziehung des kranken Menschen zu treffen.

Wehrt sich der demenzkranke Mensch gegen eine Heimeinweisung, belastet das die Angehörigen zusätzlich. Es kann bei ihnen Schuldgefühle erzeugen und ihnen das Gefühl geben, sie hätten versagt oder seien egoistisch. Mit etwas gutem Willen wäre die Pflege zu Hause doch noch weiterhin möglich gewesen. Bei Ehepartnern, die beide religiös verankert sind, kann ein weiteres Problem hinzukommen. Das vor langer Zeit abgelegte Eheversprechen, füreinander da zu sein, «bis der Tod euch scheidet», kann so aufgefasst werden, dass die Pflege zu Hause unter allen Umständen bis zum Tod des kranken Menschen übernommen werden muss. Selbst dann, wenn die pflegenden Ehegatten kräftemässig überfordert sind und selbst krank werden.

Nach der Einweisung des Kranken in eine Institution können Angehörige mit den verschiedensten, zum Teil sehr ambivalenten Gefühlen konfrontiert werden. Es ist einerseits eine grosse Erleichterung, das kranke Familienmitglied gut aufgehoben und betreut zu wissen. Anderseits fühlen sich Angehörige weiterhin verantwortlich für das Wohlergehen ihres Kranken und achten sorgfältig auf die Qualität der Pflege. Erachten sie diese als mangelhaft, kann das zu Konflikten mit dem Personal einer Institution führen.

Durch die Einweisung in eine Institution werden Angehörige von der Pflege zu Hause entlastet. Sie können die Verantwortung abgeben, was beruhigend ist und wofür viele auch dankbar sind. Zugleich aber haben sie sich mit der neuen Einsamkeit zu Hause auseinanderzusetzen. Auch Unsicherheit und Zweifel darüber, ob der Entscheid zur Heimeinweisung richtig war oder nicht, nagen bei vielen weiter.

Auch in dieser Situation kann eine Gesprächsgruppe Angehörige stützen und ihnen helfen, die Balance von Selbst- und Fürsorge wieder neu zu finden. Die Entlastung von der Pflege zu Hause eröffnet Raum für neue Formen von Zuwendung und Begleitung.

3 Demenzkranke im institutionellen Umfeld

3.1 Normalität in der Institution

Ein Wechsel von der häuslichen Umgebung in eine Institution stellt für Menschen mit Demenz eine nicht zu unterschätzende Herausforderung dar. Gewohntes, Vertrautes zu verlassen und sich in einer unbekannten Umgebung einzuleben, beeinflusst die Befindlichkeit und den Gesundheitszustand. Es hat sich bewährt, vor dem endgültigen Umzug in eine Institution die Räumlichkeiten wiederholt anzusehen und die Besuche allenfalls mit gemeinsamem Kaffeetrinken zu verbinden, um die Kranken auf den Wechsel vorzubereiten und ihn möglichst sanft zu gestalten.

Mit Angehörigen zusammenarbeiten

Familienangehörige sind die wichtigsten Kontaktpersonen von Bewohnerinnen und Bewohnern in Pflegeheimen.

Sie stellen für den pflegebedürftigen Menschen eine Brücke zwischen ‹innen› und ‹aussen› dar. Wir weisen an dieser Stelle nochmals darauf hin, dass die Familie eines demenzkranken Menschen aus all jenen Menschen besteht, mit denen er sich verbunden fühlt, seien sie nun verwandt oder nicht. Angehörige engagieren sich auch nach dem Umzug eines Familienmitglieds in ein Pflegeheim weiterhin für dieses und tragen so zu dessen Lebens- und Pflegequalität bei. Sie tun dies aus Liebe, Sorge und Verantwortungsgefühl und vertreten damit die Interessen des demenzkranken Menschen gegenüber den Fachpersonen. Das Wissen der Angehörigen über Lebensgeschichte, Persönlichkeit, Gewohnheiten, Vorlieben des kranken Menschen sowie die Erfahrungen, die sie im Zusammenhang mit Krankheit und Betreuung des Demenzkranken gemacht haben, sind für Fachpersonen sehr wertvoll und in der Begleitung zu berücksichtigen. Allerdings können die Auffassungen von Fachpersonen und Angehörigen bezüglich der optimalen Pflege der kranken Person im Widerspruch zueinander stehen und zu Konflikten führen. In einem solchen Fall ist es wichtig, sich im gemeinsamen Gespräch dem anzunähern, was die kranke Person mutmasslich am liebsten hätte oder wollte. Um das herauszufinden, sind frühere Aussagen des kranken Menschen sowie seine gegenwärtigen Reaktionen hilfreich. Falls es um medizinische Fragen geht, ist eine vorliegende Patientenverfügung eine gute Basis für Entscheidungen, die der kranke Mensch nicht mehr selbst treffen kann.

- Pflegende, die auf eine gute Qualität der Betreuung Wert legen, arbeiten systematisch mit der Familie eines pflegebedürftigen Menschen zusammen.

Sie stehen in einem kontinuierlichen Dialog mit den Angehörigen, um anstehende Entscheidungen und Fragen der Pflege zu besprechen. Sie informieren die Familie über den Alltag in der Institution, geben ihr die zuständigen Ansprechpersonen bekannt und zeigen Möglichkeiten auf, wie Angehörige für den kranken Menschen weiterhin da sein können. Sie anerkennen auch die Leistungen, welche Angehörige für das kranke Familienmitglied übernommen haben und weiterhin übernehmen.

Für Demenzkranke ist die Einweisung in ein Pflegeheim einschneidend. Nichts ist mehr so, wie sie es gewohnt waren. Die neue Umgebung wie auch die Betreuenden sind fremd, der Tagesablauf anders und die Mitbewohnerinnen und -bewohner sind unbekannte Menschen, zu denen sie keine Beziehung haben. Einzig die Angehörigen verkörpern ein Stück der vertrauten Welt, die sie verlassen mussten. Angehörige tragen etwas vom normalen früheren Alltag in die Institution hinein.

- Ein guter Kontakt zwischen Angehörigen und Fachpersonen trägt wesentlich zur Normalität in einer Institution bei und hilft den Demenzkranken, sich in der neuen Umgebung schneller heimisch und geborgen zu fühlen.

Auch für Angehörige ist eine Institution zunächst fremd und unvertraut. Es braucht einige Zeit, bis sie sich an die neuen Abläufe gewöhnt und mit den Pflegenden eine gute Form der Zusammenarbeit gefunden haben. Es ist für sie hilfreich, wenn Pflegende aktiv auf sie zugehen, sich regelmässig nach ihrem Befinden erkundigen und für ihre Situation Verständnis aufbringen.

Architektur und Einrichtung

Institutionen sind architektonisch und von der Einrichtung her so zu gestalten, dass sie einer häuslichen Umgebung möglichst entsprechen. Demenzkranke finden sich so leichter zurecht, was ihnen das Gefühl von Kompetenz vermittelt. Sie werden als Personen mit ihren spezifischen Einschränkungen ernst genommen, ihre Würde wird respektiert.

- Die Gestaltung einer Institution soll Menschen helfen, sich trotz Einschränkungen durch Krankheit und Behinderung möglichst selbständig zu bewegen, und sie nicht noch abhängiger machen oder gar verwirren.

Lange Zeit wurden Pflegeheime nach dem Vorbild von Krankenhäusern erbaut. Krankenhäuser sind nach dem Muster gestaltet: vom privaten Patientenzimmer über den öffentlichen Korridor zum halböffentlichen Aufenthaltsraum. Für Menschen, die Langzeitbetreuung benötigen, setzen sich hingegen zunehmend Wohngruppen durch, die innerhalb einer Institution oder in einem Wohnquartier errichtet werden. Für sie wird das Muster empfohlen: vom privaten Bewohner/-innenzimmer über den halböffentlichen Gruppen- oder Aufenthaltsraum zum öffentlichen Korridor. Der private Bereich soll vorwiegend persönliche, der halböffentliche persönliche und institutionseigene und der allgemeine Bereich institutionseigene Möbel enthalten. Das bietet Menschen mit Demenz räumliche und soziale Orientierungspunkte. Fehlt Menschen die Kontrolle über ihren persönlichen Bereich, kann dies entweder zu Aggression oder zu Rückzug und Resignation führen.

- Die Wohngruppen sollen klein und familiär sein, das heisst höchstens zwölf bis fünfzehn Bewohnerinnen und Bewohner umfassen.

Die Wohngruppe bietet die Möglichkeit zu nahen sozialen Kontakten, wodurch Personen mit Demenz Sicherheit, Geborgenheit und Schutz gegeben werden kann. Es empfiehlt sich, den zentral gelegenen Gemeinschaftsraum mit Essmöglichkeit auf Kosten der Grösse der Schlafzimmer grosszügig zu gestalten. Menschen mit Demenz, die Angst vor dem Alleinsein haben, fühlen sich in Mehrbettzimmern möglicherweise besser aufgehoben als in einem Einbettzimmer. Sie können sich aber auch durch unruhige Zimmernachbarinnen und -nachbarn gestört fühlen. Empfehlenswert ist etwa die Option, zwei Einbettzimmer durch eine Schiebetür miteinander verbinden respektive voneinander trennen zu können.

- Wohnbereiche sollen so weit als möglich gemäss dem Prinzip der Normalität gestaltet werden.

Das bedeutet beispielsweise, dass der Wohnbereich einer Gruppe durch eine Wohnungstür geschützt wird und vom Personal nicht als Durchgangsraum benutzt wird. Persönliche Alltagsgegenstände wie auch solche aus der Zeit der Kindheit der alten Menschen können das Gefühl des Zuhauseseins vermitteln: Tischchen, Servierwagen, Wohnzimmerschrank, Sofa,

Ohrensessel, Wanduhr, Bügeleisen, Nähkästchen, Schreibmaschine, Nähmaschine, Küchenregal mit dem früher üblichen Inhalt wie beispielsweise Geschirr und Kaffeemühle.

Beispiel Die Kinder haben das Zimmer ihrer dementen Mutter mit deren eigenen Möbeln so eingerichtet, dass sie sich zu Hause fühlt. Sie betont bei jeder Gelegenheit, dass sie das schönste Zimmer in der Wohnung habe.

Beispiel Ein ehemaliger Beamter erhält seinen Schreibtisch und seinen Bürostuhl mit den entsprechenden Utensilien in sein Zimmer gestellt. Er verweilt stundenlang mit Ordnen und Schreiben und fühlt sich wie zu Hause.

Es ist allerdings nicht durchwegs so, dass alte Menschen sich in Möbeln von früher wohler fühlen als in modernen.

Beispiel In einer Institution stehen zwei gepflegte Polstergruppen in der Eingangshalle. Eine mit alten Polstermöbeln, eine mit modernen. Die Bewohnerinnen und Bewohner bevorzugen die modernen Sessel. Die alten werden praktisch nie benutzt. Sie sind zwar bequem, aber es bereitet Mühe, sich aus ihnen wieder zu erheben.

Helles Licht kann den Schlafrhythmus verbessern, zum Essen anregen und Unruhe reduzieren. Grelles Licht hingegen sollte vermieden werden. Badezimmer, die familiär eingerichtet sind und keine fremden Gegenstände wie Badelifte enthalten, können Stress beim Baden reduzieren. Sind die Toiletten gut sichtbar, werden sie von Bewohnerinnen und Bewohnern mit Demenz besser gefunden, wodurch das Einnässen reduziert wird. Die Sicht nach draussen schafft Orientierung im Tages- und Jahresverlauf.

Funktionsräume wie Küche oder Stationszimmer sollten in den Gemeinschaftsraum integriert werden, damit das Personal die Bewohnerinnen und Bewohner beobachten kann und diese die Nähe des Personals spüren. Gegen den Wohnbereich hin offene Küchen schaffen beim gemeinsamen Zubereiten von Mahlzeiten Vertrautheit. Sie geben vor allem Frauen die Möglichkeit, ihre lange trainierten Fähigkeiten in der Küche anzuwenden und sich nützlich zu fühlen. Essensdüfte, die durch den Wohnbereich ziehen, regen die Sinne an und wecken die Lust zu essen.

Dem Essen am Familientisch kommt eine wichtige Bedeutung zu. Es ermöglicht, Gemeinschaft zu erfahren und an Vertrautes anzuknüpfen.

Wohngruppen münden optimalerweise in einen Gartenbereich. Auf diese Weise kann dem Bedürfnis nach Bewegung, Kontakten, Ruhe und Entspannung Rechnung getragen werden. Menschen mit Demenz können sich ihrem Bewegungsdrang hingeben, ohne gefährdet zu sein.

Dabei ist zu beachten, dass ihnen Begegnungen ermöglicht werden, sei es, dass sie von Mitarbeitenden begleitet werden, sei es, dass sie auf andere Menschen oder Tiere treffen sowie die Natur wahrnehmen können.

Der Bewegungsdrang kann unterschiedliche Ursachen haben. Das Herumwandern dient der Selbststimulierung und Eigenbeschäftigung, befriedigt das Bedürfnis nach Bewegung und dem Erleben der Umwelt. Es kann aber auch ein stressbezogenes Reagieren auf Aussenreize, Langeweile, Anspannung und Frustration über eigenes Unvermögen oder auf nicht mehr zu bewältigende Anforderungen der Umgebung sein.

Von Begleitenden, die sich konsequent am kranken Menschen orientieren, erfordert es eine hohe Sensibilität, herauszufinden, was die Ursache des Bewegungsdrangs ist, um den kranken Menschen bestmöglich zu unterstützen.

Zu beachten ist der erhöhte Kalorienbedarf, wenn Menschen mit Demenz sich viel bewegen.

Menschen mit Demenz ist ein möglichst grosser Freiraum zu gewähren, sie sind jedoch auch vor Selbstgefährdung wie beispielsweise dem Weglaufen zu schützen. Elektronische Überwachungssysteme, aber auch eine geschickte architektonische

Gestaltung helfen, das Weglaufen zu reduzieren. Ein grosser Spiegel kann eine Tür verdecken, eine Garderobe zum An- kleiden anregen, bevor man die Wohnung verlässt, oder ein Türgriff in der gleichen Farbe wie die Tür gestrichen werden. Türen zu Ausgängen, die die Bewohnerinnen und Bewohner der Wohngruppe nicht benützen sollen, können in der Farbe der Wand gestrichen werden, während Zimmertüren sich farb- lich von den Wänden abheben. Auch Bilder und Pflanzen schaffen Orientierung und lenken Bewegungsabläufe in die gewünschten Bahnen. Alle gestalterischen Massnahmen sol- len beruhigend wirken und den Bewegungsdrang nicht zu- sätzlich anregen.

- Bei all diesen Anregungen ist zu beachten, dass das zentrale Element der Betreuung in einer Institution die Grundhaltung der Mitarbeitenden gegenüber den Demenz- kranken ist. Verfügen die Mitarbeitenden nicht über eine Grundhaltung der Wertschätzung und des Respekts gegen- über Menschen mit Demenz, hilft die beste Architektur und Einrichtung nicht weiter.

Integration oder Segregation

Die Diskussion darüber, ob die Lebensqualität von Menschen mit Demenz, die in einer Institution leben, höher ist, wenn sie unter sich nach dem Modell der Segregation oder zusammen mit Menschen mit unterschiedlichen Krankheiten nach dem Modell der Integration betreut werden, ist bis jetzt nicht ab- geschlossen. Mit der Einführung von Spezialwohngruppen für Menschen mit Demenz wird die Trennung zu den Bewoh- nerinnen und Bewohnern ohne Demenz vollzogen. Es werden zugleich auch kleinere Einheiten mit der Möglichkeit, in ei- nem überschaubaren Raum zu essen und sich aufzuhalten, geschaffen sowie ein spezielles Alltagsprogramm gestaltet. Dazu kommt, dass mehr und besser ausgebildetes Personal angestellt wird und direkte Zugänge zum Aussenbereich geschaffen werden. Insofern ist der Vergleich mit traditionellen Abteilungen schwierig.

Eine Herausforderung bei der Trennung von alten und kranken Menschen mit und ohne Demenz ist die Frage, nach welchen Kriterien Personen in eine Spezialwohngruppe aufgenommen werden und allenfalls auch wieder austreten. Beim Umziehen innerhalb einer Institution ist zu bedenken, dass mit dem Wechsel von Personal, Örtlichkeiten und Abläufen Vertrautes verloren geht, was für Menschen mit Demenz sehr einschneidend ist.

Für die Integration sprechen folgende Aspekte:

- Die natürliche Zusammenleben von unterschiedlich stark auf Hilfe angewiesenen Menschen nach dem Prinzip der Normalität.
- Die hohe Anzahl von Menschen mit Demenz (60 bis 70%) in Institutionen.
- Die Tatsache, dass auch Menschen ohne Demenz von einem verbesserten Angebot und einer wohnlicheren Atmosphäre im Pflegeheim profitieren.
- Das Entfallen der Notwendigkeit des Umziehens innerhalb der Institution, da dieses mit einer Erhöhung der Depressivität und dem Risiko, dass die Betroffenen früher sterben, verbunden ist.
- Kein Abschieben von Menschen mit auffälligen Verhaltensweisen auf eine Spezialabteilung.

Für die Segregation sprechen folgende Aspekte:

- Verbesserung oder verlangsamte Verschlechterung der Fähigkeiten der betreuten Personen.
- Reduktion gewisser Verhaltensauffälligkeiten bei Menschen mit Demenz.
- Entlastung und verbessertes Wohlbefinden der Bewohner und Bewohnerinnen ohne Demenz.

- Reduktion von Spannungen unter den Bewohnerinnen und Bewohnern.
- Möglichkeit der Spezialisierung des Personals, das durch vertieftes Wissen und Erfahrung an Kompetenz gewinnt.

Denkbar ist auch eine Mischung der beiden Ansätze, indem beispielsweise kleinere Wohngruppen für alle Bewohnerinnen und Bewohner geschaffen werden und den Demenzkranken eine spezielle Alltagsgestaltung geboten wird.

Die Frage nach Integration oder Segregation ist nicht zuletzt auch eine ethische. Eine geschlossene Wohngruppe für eine bestimmte Gruppe von Personen ist eine Form der Freiheitsbeschränkung. Sie bietet jedoch im Falle von Wohngruppen für Demenzkranke den verletzlichen Bewohnerinnen und Bewohnern Schutz und Geborgenheit.

3.2 Menschen mit Migrationshintergrund

Die Einwanderergeneration der 1950er und 1960er Jahre nähert sich dem Seniorenalter. Stammten diese Einwanderer vorwiegend aus ländlichen Regionen Südeuropas, kommen heute vermehrt Migranten und Migrantinnen aus asiatischen und afrikanischen Ländern. In der Schweiz beträgt der Anteil der ausländischen Bevölkerung insgesamt ca. 20%, ihr Anteil an den Pensionierten 8,6%[1]. Eingebürgerte Menschen mit Migrationshintergrund sind dabei noch nicht mitgezählt. Die Zahl der Migrantinnen und Migranten im Pensionsalter hat sich zwischen 1996 und 2007 fast verdoppelt und wird weiter zunehmen.

In einer Institution sind Menschen mit Migrationshintergrund in zwei Rollen anzutreffen. Einerseits als Bewohnerinnen und Bewohner und anderseits als Pflegende.

---

[1] Bundesamt für Statistik: www.bfs.admin.ch.

Bewohnerinnen und Bewohner mit Migrationshintergrund[1]

Migrantinnen und Migranten sind eine sehr heterogene Gruppe von Menschen. *Die* Migranten gibt es nicht. Ausländische Menschen kommen nicht nur aus ganz verschiedenen Herkunftsländern, sondern auch aus sehr unterschiedlichen Gründen in die Schweiz. Die einen sind beispielsweise Flüchtlinge, andere suchen Arbeit und wieder andere kehren als Auslandschweizer zurück.

- Die Einwanderung in ein Land mit einer anderen Kultur ist biografisch ein einschneidendes Erlebnis.

  - Die Sprache ist fremd und vor allem Schweizerdeutsch schwierig zu erlernen.
  - Das Klima ist ungewohnt.
  - Die Kontaktaufnahme mit den Einheimischen fällt vielen nicht leicht.
  - Familie und Freunde fehlen.
  - Heimweh und oft grosse Traurigkeit schmerzen und können sich zu Depressionen entwickeln.
  - Das Arbeitsumfeld ist ungewohnt.
  - Ernüchterung kann sich einstellen, weil vieles nicht so ist, wie man es sich vorgestellt hat.
  - Desillusionierung kann eintreten, weil die realen Verdienstmöglichkeiten den erhofften nicht entsprechen.
  - Traumatische Erlebnisse wie Krieg, Verfolgung, Folter, Vergewaltigung und Flucht, die vor allem Flüchtlinge durchmachen mussten, wirken im Alltag nach. Oft machen sie sich als körperliche und psychische Beschwerden

---

[1] Vergleiche dazu das Projekt Alter und Migration, HEKS-Hilfswerk der Evangelischen Kirchen Schweiz Regionalstelle Zürich/Schaffhausen: http://www.heks.ch/de/schweiz/regionalstelle-zuerich schaffhausen/altum-alter-und-migration.

bemerkbar oder in Zuständen von Angst und Unsicher-
heit.
- ‹Rückkehrmythos›: Ich gehe eines Tages zurück in mein
  Land.

Auch wer bereits seit längerer Zeit im neuen Land wohnt,
wird manchmal das Gefühl, in zwei Welten zu leben, nicht
los.

«Jeden Tag packe ich den Koffer ein und dann wieder aus.
Morgens, wenn ich aufwache, plane ich die Rückkehr,
aber bis Mittag gewöhne ich mich mehr an Deutschland.
Ich ändere mich und bleibe doch gleich
und weiss nicht mehr, wer ich bin.
Jeden Tag ist das Heimweh unwiderstehlich,
aber die neue Heimat hält mich fest.
Tag für Tag noch stärker.
Und jeden Tag fahre ich zweitausend Kilometer
in einem imaginären Zug hin und her,
unentschlossen zwischen dem Kleiderschrank und dem Koffer,
und dazwischen ist meine Welt.»[1]

Im Alter und insbesondere bei einer dementiellen Erkrankung
haben Menschen mit Migrationshintergrund mit zusätzlichen
Problemen zu kämpfen.

- Die Erinnerungen an kritische Lebensereignisse, deren
  Aufarbeitung lange aufgeschoben wurde, kehren zurück.
- Sie haben statistisch gesehen mehr psychische Probleme
  im Alter als Einheimische.
- Ihr Gesundheitszustand ist grundsätzlich prekärer.
- Sie stammen häufig aus benachteiligten Schichten, wes-
  halb die Altersarmut allgemein grösser ist als bei Einhei-
  mischen.

---

[1] Alev Tekinav, griechischer Migrant in Deutschland, (Bollier,
2003, S. 38).

- Die Verständigung in der Muttersprache wird wieder wichtiger. Auch gut integrierte Personen können sich wieder als Fremde fühlen. Zudem verstärkt die dementielle Erkrankung das Gefühl der Fremdheit.
- Manche haben sich in ihrer Subkultur ein Beziehungsnetz aufgebaut, das durch den Eintritt in eine Institution abzubrechen droht.
- Altersinstitutionen haben in einigen Herkunftsländern einen schlechten Ruf. Dort sorgt die Familie für die alten Menschen. Die Altersinstitution ist ein ‹Notbehelf› und kann soziale Ausgrenzung bedeuten. Anderseits kann ein gutes Netzwerk auch dafür sorgen, dass sich viele Verwandte und Bekannte um die erkrankte Person kümmern.
- Der ‹Rückkehrmythos› zerbricht endgültig. Oft wird eine Bestattung in der Heimat gewünscht. Wenn die Rückkehr im Leben nicht mehr möglich ist, ist sie es allenfalls im Tod.

Spirituelle Begleitung von demenzkranken Migrantinnen und Migranten unterscheidet sich nicht grundsätzlich von derjenigen einheimischer Demenzkranker. Auch für sie geht es darum, ihr Leiden zu lindern und sie in Kontakt mit ihrem Schatz an spiritueller Erfahrung zu bringen.

Das bedeutet, dass ihre kulturelle und religiöse Prägung zu beachten ist und man sich den sich daraus ergebenden Herausforderungen stellen muss:

- Die religiöse Prägung ist oft von der kulturellen überlagert.

Beispiel Zwischen einem säkularisierten bosnischen Muslim und seinem saudischen Glaubensbruder bestehen grosse Unterschiede, obwohl beide dem Islam angehören.

Beispiel Die grösste Gruppe von Menschen mit Migrationshintergrund sind zurzeit Personen aus Südeuropa, die meist katholisch aufgewachsen sind. Die Ausprägung ihres katholischen Glaubens unterscheidet sich aber deutlich von derjenigen von Schweizer Katholiken.

– Der Stellenwert der Familie ist in manchen Kulturen sehr hoch. Die Familie fühlt sich für das kranke Familienmitglied verantwortlich, was sich in häufigen Besuchen sowie dem Mitbringen von Esswaren äussern kann. Das kann zu Problemen mit den Mitbewohnerinnen und -bewohneren führen.

– Zum Teil herrschen in Familien mit Migrationshintergrund patriarchalische Strukturen. Das Familienoberhaupt trifft wichtige Entscheidungen und ist bei anstehenden Veränderungen zu konsultieren.

– Männer- und Frauenwelten sind in manchen Kulturen deutlich separiert. Das hat beispielsweise zur Folge, dass Frauen und Männer nicht von Männern gepflegt werden wollen, weil Pflege in ihrem Herkunftsland Frauensache ist. Es kann auch sein, dass Nacktheit mit viel mehr Schamgefühl besetzt ist als in Westeuropa.

– Das Schmerzverständnis ist kulturell unterschiedlich. Menschen aus dem Mittelmeerraum bringen ihre Schmerzen meist sehr deutlich mit zum Teil ungewohnten Bildern zum Ausdruck wie beispielsweise: «Das Herz und das Blut tun weh.»

Viele Angehörige von Religionsgemeinschaften leben heute säkularisiert und praktizieren ihre Religion entweder nur noch punktuell oder gar nicht mehr. Im Alter kann jedoch die Ursprungsreligion wieder zu einem wichtigen Merkmal der Identität werden. Für die spirituelle Begleitung von dementen Menschen mit Migrationshintergrund sind deshalb elementare Kenntnisse in religiösen Vorschriften und Bedürfnissen unerlässlich.

Dazu gehören:

- Kennen der zentralen religiösen Symbole.
- Kennen der religiösen Feste.[1]
- Kennen von Ruhe- und Feiertagen.
- Kennen von Fastenzeiten.
- Wahrnehmen von Wünscheen bezüglich Begleitung durch Geistliche der eigenen Religionsgemeinschaft.
- Kennen der rituellen Regeln für die Gebetspraxis.
  Beispiel   Das fünfmal zu verrichtende Gebet im Islam.
- Kennen der Speisevorschriften.
  Beispiel   Juden und Muslime essen kein Schweinefleisch, Hindus kein Rindfleisch.
- Beachten von Vorschriften zu Kleidung und Körperpflege beziehungsweise deren rituelle Bedeutung.
  Beispiel   Eine Frau aus Bosnien wehrt sich dagegen, zuerst links gewaschen zu werden, da die linke Seite für sie unrein ist.

Die Weiterbildung der Mitarbeitenden in «transkultureller Kompetenz» sollte in Institutionen, die Menschen mit Migrationshintergrund betreuen, selbstverständlich sein. Dazu gehören neben den oben genannten Kenntnissen auch die Reflexion der eigenen Spiritualität sowie die Auseinandersetzung mit den verinnerlichten kulturellen und religiösen Wertvorstellungen.

Die spirituelle Begleitung von dementen Menschen mit Migrationshintergrund orientiert sich grundsätzlich an denselben Zielen wie die Begleitung von einheimischen Demenzkranken.

---

[1]   Vergleiche dazu den Interkulturellen Festkalender auf www.oksg.ch oder www.inforel.ch.

- Spirituelle Begleitung achtet darauf, was das Leben eines Menschen bedeutungs- und sinnvoll macht.
- Spirituelle Begleitung unterstützt Beziehungen, in denen sich Menschen geborgen und aufgehoben fühlen.
- Spirituelle Begleitung tröstet und hält mit den Erkrankten aus, woran sie leiden.

Bei alten, demenzkranken Menschen tritt die Herkunftsprägung wieder deutlicher in den Vordergrund. Migranten und Migrantinnen können sich dadurch, auch wenn sie gut integriert sind, wieder fremd fühlen. Ihnen Geborgenheit zu vermitteln, spielt in der spirituellen Begleitung eine besonders grosse Rolle.

Es kann sein, dass Kranke mit fortschreitender Demenz nur noch auf ihre Muttersprache reagieren, auch wenn sie seit Jahren in der Schweiz leben und sogar den örtlichen Dialekt übernommen haben.

Kochen und Essen wie als Kind zu Hause kann heimatliche Gefühle wecken.

Lieder und Musik aus der früheren Heimat, eventuell mit folkloristischen Darbietungen verbunden, stärken das Gefühl von Vertrautheit. Ebenso das Vorlesen von Geschichten in der Muttersprache.

Mitarbeitende mit Migrationshintergrund in einer Institution

In der Langzeitpflege arbeiten viele Mitarbeitende mit Migrationshintergrund. Für eine Institution sind sie eine wichtige Ressource, weil viele von ihnen aus eigener Migrationserfahrung oder derjenigen der Eltern über eine transkulturelle Kompetenz verfügen.

Beispiel *Ein bosnischer Mann mit Demenz wird in eine Institution eingewiesen. Aufgrund seiner Krankheit sowie wegen seiner mangelnden Deutschkenntnisse ist es schwierig, sich mit ihm zu verständigen. Eine Mitarbeiterin spricht seine Sprache und kann übersetzen. Durch ihre Verwur-*

zelung in derselben Kultur kennt sie auch den orthodoxen Priester, den sie auf Wunsch des Mannes rasch herbeirufen kann.

- Für eine Institution lohnt es sich, die transkulturelle Kompetenz von Mitarbeitenden mit Migrationshintergrund wahrzunehmen und bewusst einzusetzen.

Auf der andern Seite stellen diese Mitarbeitenden für eine Institution auch eine Herausforderung dar. Migrantinnen sind mit der früheren und manchmal auch der gegenwärtigen Lebenswelt von alten Menschen nicht vertraut. Sie haben kaum eine Vorstellung, wie die alten Menschen aufgewachsen sind. Oft sprechen sie die Sprache der Kranken nicht oder haben sogar Schwierigkeiten, sie zu verstehen.

Beispiel In einer Institution wird den ausländischen Mitarbeitenden verboten, sich in der Gegenwart von demenzkranken Einheimischen in der Muttersprache zu unterhalten, da das bei Menschen mit Demenz Irritation oder Angst auslösen kann.

Beispiel Ein alter Mann bittet die ausländische Pflegefachfrau, ihm die «Finken» zu bringen. Sie kennt das Dialektwort «Finken» (Hausschuhe) nicht und meint, der Mann sei verwirrt und rede von Vögeln.

Diejenigen Mitarbeitenden, die einer andern Religionsgemeinschaft angehören, kennen die religiösen Feste der alten Menschen kaum und wissen nur wenig über deren Bedeutung.

Beispiel In einer Institution wird Halloween gefeiert. Die Verantwortlichen haben Migrationshintergrund und halten dies für ein wichtiges Fest. Eine Person mit Demenz fühlt sich von den Kürbisfratzen bedroht.

An hohen christlichen Festtagen, wenn einheimische Mitarbeitende nach Möglichkeit nicht zur Arbeit kommen, werden die kranken Menschen häufig von Mitarbeitenden mit ausländischen Wurzeln betreut, wodurch die gegenseitige Fremdheit noch deutlicher zutage tritt als im normalen Alltag.

Beispiel In einer Institution arbeiten an Weihnachten mehrheitlich nicht christlich geprägte Menschen. Die Weihnachtsfeier wird von Muslimen oder Hindus organisiert, welche die Weihnachtsbräuche vor allem aus den Medien kennen, die eine globalisierte Form von Weihnachtsritualen vermitteln. Das hat zur Folge, dass die Mitarbeitenden die traditionellen Weihnachtslieder der alten Menschen nicht kennen und sie durch Lieder wie «Jingle Bells» ersetzen, welche den alten Menschen fremd sind.

Grundsätzlich gilt, dass es *den* Migranten oder *die* Mitarbeitende mit Migrationshintergrund nicht gibt, weshalb es nicht möglich ist, einfache Rezepte abzugeben.

▪ Das Gespräch unter den Mitarbeitenden selbst wie auch das Gespräch der Mitarbeitenden mit den alten Menschen und deren Angehörigen ist unerlässlich für eine gute Zusammenarbeit und eine individuelle Betreuung, die die spirituelle Dimension mit einschliesst.

Manchmal werden über das Gespräch auch Kompetenzen entdeckt, die vorher unbekannt waren oder im Ablauf des institutionellen Alltags gar nicht vorgesehen sind.

Beispiel Eine Angestellte, die in der Küche arbeitet, hat ungarische Wurzeln und spricht fliessend Ungarisch. Eine Bewohnerin des Hauses ist auch Ungarin. Die fortschreitende Demenz macht die Kommunikation mit ihr schwierig. Soll nun die Sprachkompetenz der Köchin genutzt werden, obwohl dies in keiner Weise zu ihrem Aufgabengebiet gehört?

4 Spezielle Herausforderungen

Zur inneren Haltung, die spirituelle Begleitung erst ermöglicht, gehört das Interesse am Befinden und an der Situation der kranken Menschen. Das schliesst ein, dass sich Betreuende möglichst viele Kenntnisse über Demenz aneignen und sich auch mit den spezifischen Herausforderungen auseinandersetzen, die Folge dieses Krankheitssyndroms sind. Im Folgenden werden deshalb einige Themen aufgenommen, welche für die Betreuung Demenzkranker relevant sind.

4.1 Sinnlichkeit und Sexualität

Sexualität, ein ganzheitliches Erleben

- Sexualität ist eine intensive Form von Beziehung, welche mehr als nur die körperliche Ebene erfasst.

Auch wenn im Lauf der christlichen Geschichte Sexualität fälschlicher- und bedauerlicherweise in den Zusammenhang mit Sünde geriet, wird sie aus biblisch-christlicher Sicht grundsätzlich als positive Lebenskraft gewertet. Ein Ausdruck davon ist der biblische Schöpfungsmythos: Der Mensch wurde als Mann und als Frau erschaffen, die beide zusammen ein Ganzes bilden. Darin ist die Sehnsucht nach Beziehung und das Verlangen nach einem Gegenüber angelegt. Sexualität kann deshalb nicht auf ein rein körperliches Bedürfnis reduziert werden. Von den meisten Menschen wird sie als intensives Erleben auf verschiedenen Ebenen erfahren. Leiblich und seelisch geht sie einher mit starken bis hin zu überwältigenden Empfindungen und Gefühlen. Sie kann zu einer Quelle von Glück, Geborgenheit und Kreativität werden und damit Lebendigkeit schenken. Viele Menschen erleben sie als wichtigen Bestandteil ihres körperlichen und geistigen Wohlbefindens sowie ihres seelischen Gleichgewichts und dadurch als Teil ihrer Lebensqualität. Der Zusammenhang zwischen Sexualität und Gesundheit ist durch zahlreiche Studien belegt.

- Sexualität kann zu einer spirituellen Erfahrung werden, wenn Menschen sich ganzheitlich ergriffen erleben und für Momente in einem grösseren Ganzen aufgehen, ohne dabei unterzugehen. Sie sind eins mit allem, was sie umgibt – aufgelöst und dennoch geborgen.

Anderseits kann Sexualität aber auch zur Erfahrung von Hass, Entfremdung und Ausbeutung führen.

Beispiel *Frau G. stammt aus dem ehemaligen Ostpreussen. Auf der Flucht 1945 wurde sie mehrmals vergewaltigt. In verschiedenen Phasen ihrer Demenz kommen diese traumatischen Erlebnisse als Angstzustände zum Vorschein, ausgelöst durch körperliche Nähe. Sie schreit nachts und macht Fluchtversuche. Ihre Körperpflege wird jedes Mal zu einer hoch belastenden Angelegenheit. Die Pflegenden finden einen Weg, mit Hilfe von Katzenfellen und wohlriechenden Ölen eine Nähe zu ihr zu finden, die sie zulassen kann. Männliche Pflegende dürfen dies jedoch unter keinen Umständen versuchen.*

Soziale und kulturelle Prägung
- Das konkrete Sexualverhalten eines Menschen ist nicht angeboren, sondern erlernt.

Es ist geprägt durch Erziehung, gesellschaftliche und religiöse Wertvorstellungen und Regeln sowie geformt durch die eigene Erfahrung. Alle Kulturen haben sich um die Gestaltung der Sexualität gekümmert. In jeder Kultur gibt es Regeln, die bestimmen, wann und mit wem Sexualität erlaubt oder verboten ist. Diese Regeln sind zeitbedingt. Sie können sich ändern und werden jeweils neu definiert. Die sogenannte Sexuelle Revolution, vor allem der 60er und 70er Jahre des 20. Jahrhunderts, die das Sexualverhalten nachhaltig veränderte, ist ein Beispiel dafür. Das bedeutet, dass Sexualität ein sozial geformtes und kulturell geprägtes menschliches Verhalten ist, das mit zunehmender Lebenserfahrung erweitert und vertieft wird. Jeder Mensch hat seine eigene Geschichte mit Liebe und Sexualität und ein Recht, auch sein sexuelles Leben so zu gestalten, wie es seinen Vorstellungen entspricht, solange er dadurch die Integrität eines andern Menschen nicht verletzt.

Die sexuelle Biografie, die ein alter Mensch mitbringt, beeinflusst sein Verhalten und die Art und Weise, wie er über Sexualität spricht.

Beispiel Ein Bewohner fällt den Betreuenden durch seine starke sexuelle Erregung auf, die vor allem am Morgen beim Waschen auftritt. Ganz erfreut über seinen Zustand, will er sich jeweils allen zeigen und darüber reden. Die Pflegenden lassen ihn vor dem Waschen allein im Zimmer und drängen ihn nicht zur Körperpflege. Durch ihre Geduld und ihr Einfühlungsvermögen kann er seine Situation geniessen. Im behutsamen Gespräch mit dem Bewohner kommen stückweise biografische Vorkommnisse zum Vorschein, die sein Verhalten verständlich machen und die bis zu diesem Zeitpunkt allen unbekannt waren.

Sexualität im Alter

Verliebt mit 80 oder älter? Viele ältere Menschen wagen es nicht mehr, ihre Gefühle auszudrücken und Sexualität sowie Erotik zu leben. Doch Sexualität ist vor allem ein Ausdruck von Lebensfreude und Vitalität. Eine amerikanische Studie hat zudem belegt, dass gelebte Sexualität das Immunsystem stimuliert und Menschen jünger aussehen lässt.

- Sexualität ist ein entscheidender Aspekt des Menschseins; das ändert sich auch bei zunehmendem Alter nicht.

Zur Lebensqualität alter Menschen gehört, dass dieser Bereich nicht ausgeklammert wird, sondern gelebt werden darf. Dies bedingt, dass Betreuende wie Angehörige sich bewusst werden, welche Einstellung zur Sexualität sie selbst haben, sei das nun zur eigenen Sexualität oder zum sexuellen Erleben im Alter. Das ist noch keineswegs selbstverständlich. Bis heute ist Sexualität im Alter vielerorts ein Tabu. Von alten Menschen wird erwartet, dass sie keine Wünsche nach sinnlich-sexuellen Erfahrungen mehr haben oder sie nicht äussern sollten.

Beispiel *Eine Pflegende erzählt, wie sie vor gar nicht langer Zeit noch nicht wusste, wie sie mit Bewohnern, die sexuell aktiv waren, umzugehen hatte. Es wurde hinter vorgehaltener Hand getuschelt und das Verhalten der Bewohner verurteilt. Im Team wurde nicht offen darüber gesprochen. Das Thema war bei den Besprechungen tabu, wodurch die Pflegenden mit ihrer Unsicherheit allein gelassen wurden.*

Beispiel *Ein Ehepaar lebt in einer Institution. Beide brauchen Hilfe beim Aufstehen und sich Hinlegen. Hin und wieder hat einer von beiden den Wunsch, sich zum anderen ins Bett zu legen. «Er ist so ein Lieber», sagt die Frau. Manche Pflegende haben dafür kein Verständnis oder finden es gar peinlich. Eine fragt sogar: «Dürfen die das?»*

- Zärtlichkeit ist in jedem Alter wichtig, aber das Bedürfnis danach nimmt im Alter zu.

Bei alternden Paaren gewinnt die Liebe durch die Vertrautheit und Nähe, die während der gemeinsam gelebten Jahre gewachsen sind, eine neue Qualität. Sexualität wird vermehrt mit Zärtlichkeit verbunden und ist nicht mehr so stark auf den Höhepunkt ausgerichtet wie allenfalls in früheren Jahren. Oft erleben Männer sie deshalb im Alter als genussvoller.

Organische Veränderungen im Alter

Prinzipiell bleibt Sexualität auch bei Frauen nach den Wechseljahren eine wichtige Quelle von Lebensenergie. Umfragen zeigen, dass über 30 % Prozent der Frauen zwischen 60 und 80 Jahren ihre Sexualität aktiv leben, sei das mit einem Partner oder indem sie sich selbst befriedigen. Die Intensität des körperlichen Verlangens nimmt zwar im Alter ab, nicht jedoch der Wunsch nach Zärtlichkeit, Sexualität und Befriedigung. Bedingt durch Veränderungen des Vaginalgewebes braucht die Erregung mehr Zeit und es dauert länger, bis die Scheide feucht wird. Dem Vorspiel ist deshalb grössere Bedeutung zu schenken. Die Orgasmusfähigkeit hingegen nimmt mit zunehmendem Alter nicht ab.

Faktoren, die das sexuelle Erleben beeinträchtigen, können sein:

- Chronische körperliche Schmerzen.
- Seelische oder partnerschaftliche Probleme und Ängste.
- Gesellschaftliche Tabus: Alte Menschen, die sich öffentlich küssen, ernten mehr Kritik als Wohlwollen.
- Die Vorstellung, zu alt für ein aktives Sexualleben zu sein.
- Harninkontinenz. Der unkontrollierte Harnverlust während des Geschlechtsverkehrs wird von vielen Frauen als so störend und beschämend empfunden, dass sie den sexuellen Kontakt gänzlich meiden. Harninkontinenz lässt sich jedoch in vielen Fällen gut therapieren beispielsweise über Medikamente, das Trainieren der Beckenbodenmuskulatur, eine lokale Östrogenabgabe oder allenfalls einen operativen Eingriff. Eine exakte Diagnostik ist dafür unerlässlich.

– Jahrzehntelange unbefriedigende Erfahrungen mit Sexualität. Die betroffenen Frauen sind dann oft erleichtert, von sexuellen Ansprüchen der Partner befreit zu sein.

Bei Männern sind altersbedingte Veränderungen bezüglich ihrer Sexualität im Allgemeinen grösser als bei Frauen. Mit zunehmendem Alter lässt die Härte der Erektion nach und sie wird langsamer erreicht. Die Ejakulation kann länger hinausgezögert werden, wodurch das Liebesspiel länger dauert und als befriedigender empfunden wird. Die Erholungsphase bei 80-jährigen Männern dauert ungefähr eine Woche.

Organische Veränderungen sind demnach kein Grund, um im Alter auf ein befriedigendes Sexualleben verzichten zu müssen. Entscheidend ist nicht das Alter, sondern die Einstellung eines Menschen zu seiner Sexualität.

Sexualität bei Demenzkranken

Sexuelle Enthemmung

Bei einer frontotemporalen Demenz stehen Veränderungen der Persönlichkeit, des Antriebs und der sozialen Verhaltensweisen im Vordergrund. Gedächtnis und Orientierungsfähigkeit hingegen sind weniger beeinträchtigt. Über therapeutische Möglichkeiten zur Behandlung der Erkrankten ist bis anhin noch wenig bekannt. Bei frontotemporaler Demenz versucht man vor allem, die Verhaltensauffälligkeiten zu beeinflussen.

■ Für Pflegende und Angehörige ist es wichtig zu wissen, dass Menschen mit frontotemporaler Demenz ihre sexuellen Wünsche unkontrolliert äussern, da die Hirnregionen, in denen Schamgefühl und Hemmungen angesiedelt sind, sich verändern.

Kranke können dadurch Dinge sagen, die von Begleitenden als sexuelle Belästigung empfunden werden.

Beispiel Du bist meine Frau und ich will von dir befriedigt werden.

Der kranke Mensch kann auch seine Handlungen nicht mehr kontrollieren, was zu unangenehmen Situationen für die Pflegenden führen kann.

Beispiel Ein dementer Bewohner fasst einer Pflegenden an die Brust oder greift ihr zwischen die Beine.

Beispiel Ein Demenzkranker führt die Hand der Pflegenden an seine Genitalien, um sich zu stimulieren, oder versucht, in Gegenwart der Pflegenden zu onanieren.

Pflegende müssen über solche Vorfälle sprechen können und allenfalls auch Beratung in Anspruch nehmen dürfen. Wichtig ist vor allem, dass sie sich entsprechendes Fachwissen aneignen, damit sie das Verhalten eines Demenzkranken als Ausdruck seiner Krankheit verstehen lernen, dem sie Grenzen setzen dürfen, ohne jedoch den Menschen dabei abzuwerten.

Beziehung zwischen Ehepartnern

Für den Partner oder die Partnerin eines demenzkranken Menschen sind sowohl die eigenen sexuellen Bedürfnisse wie auch die des Kranken eine ständige Herausforderung. Die Vorstellung, dass Sexualität mit einem dementen Ehepartner gelebt werden kann, ist selbst für viele Angehörige ungewohnt und mit gesellschaftlichen Vorurteilen belastet. Ausserdem fällt es manchen Angehörigen schwer, sich ihre sexuellen Wünsche gegenüber dem kranken Menschen einzugestehen. Sie kommen sich selbstsüchtig vor, was in ihnen Scham und Schuldgefühle erzeugen kann. Selbst wenn beide Ehepartner gewillt sind, weiterhin sexuell miteinander zu verkehren, haben sie einige Hindernisse zu bewältigen. Beim Eintritt in eine Institution stellt sich beispielsweise die Frage, ob es überhaupt möglich ist, Intimkontakte zu leben, und ob die dafür nötige Privatsphäre geschützt wird.

Bedingt durch eine beginnende Demenz können Erkrankte entweder jegliche Freude an der Sexualität verlieren oder aber besonders starke sexuelle Bedürfnisse entwickeln, was beim Partner oder der Partnerin auf Ablehnung stossen und die körperliche Anziehung zum Erlöschen bringen kann. Es gibt auch andere Gründe, die zu einer körperlichen Entfremdung beitragen wie beispielsweise hygienische Verwahrlosung oder das Gefühl, der kranke Mensch sei nicht mehr der, den man einst geheiratet habe, oder veränderte Rollen in der Beziehung. Der gesunde Partner ist vom Partner zum Pfleger geworden.

Besonders schwierig kann es für Ehepartner und auch Angehörige werden, wenn der kranke Mensch in der Institution die körperliche Nähe einer andern dementen Person sucht. Angehörige brauchen in einer solchen Situation viel individuelle Unterstützung von Seiten der Pflegenden.

Sexualität und Sinnlichkeit in einer Institution

Eine sinnliche Umgebung schaffen

Lebt ein dementer Mensch in einer Institution, dessen Partner noch zu Hause wohnt, ist es unumgänglich, ihnen Räume zu schaffen, welche Intimität ermöglichen.

Man kann beispielsweise einen Zettel an die Zimmertür kleben, eine Glocke an der Tür anbringen oder das Zimmer abschliessen, solange die Partnerin auf Besuch weilt.

Lebt ein Ehepaar in einer Institution ist es wichtig, nach individuellen Lösungen für dieses Paar zu suchen. Dabei sind die Bedürfnisse der alten Menschen zu berücksichtigen, nicht diejenigen der Institution.

Die Bedürfnisse der Kranken können sich mit fortschreitender Erkrankung jedoch verändern. Für die Pflegenden ist es dann manchmal schwierig, herauszufinden, was für die alten Menschen gut ist, vor allem, wenn sie selbst zu wissen meinen, was für die Kranken das Beste sei.

Beispiel Eine Frau mit Demenz lebt in einer Institution. Ihr Mann tritt auch ein und möchte mit ihr im selben Zimmer wohnen. Die Leitung ist unsicher, ob das für die Frau gut ist, da sie den Mann als dominante Persönlichkeit wahrnimmt. Seine Besuche haben die Frau schon vor seinem Einzug beunruhigt und verwirrt. Die Verantwortlichen stehen vor der Frage, was stärker zu gewichten sei: Das nicht sicher zu beurteilende Wohl der Frau oder der Wunsch des Mannes. Schliesslich wird auf den Wunsch des Mannes eingegangen. Die Unsicherheit, ob diese Entscheidung richtig ist, bleibt jedoch bestehen.

Je älter jemand wird, umso höher ist die Wahrscheinlichkeit, dass der Partner oder die Partnerin krank wird oder stirbt. Die institutionellen Rahmenbedingungen können eine zusätzliche Erschwernis sein, Sexualität zu leben. Dazu kommen organisch bedingte Veränderungen, die sexuelles Erleben im engeren Sinn vielleicht verunmöglichen. Das bedeutet aber nicht, dass alte Menschen sich nicht weiterhin als sinnlich-geschlechtliche Wesen erfahren und sich daran erfreuen könnten.

- Es geht vielmehr darum, Möglichkeiten zu finden, die es alten Menschen erlauben, Zärtlichkeit, Wärme und Geborgenheit zu erleben, sich mit allen Sinnen angesprochen zu fühlen sowie ein positives Verhältnis zum eigenen Körper zu pflegen.

Werden alte und demenzkranke Menschen in ihrer ganzen leiblich-seelisch-geistigen Existenz, das heisst auch in ihrem Mann- oder Frausein, wahr- und angenommen, kann Sinnlichkeit ein wichtiger Bestandteil ihrer Lebensqualität bleiben.

Das bedeutet beispielsweise, dass Professionelle in einer Institution den Kontakt zwischen den alten Menschen fördern und eine Atmosphäre schaffen, welche es ihnen ermöglicht, Beziehungen zu pflegen und Zärtlichkeiten auszutauschen. Darüber hinaus bietet der institutionelle Alltag viele Möglichkeiten, die kranken Menschen Zärtlichkeit erfahren zu lassen sowie ihre Sinne anzuregen.

Beispiel Pflegende nehmen eine Bewohnerin abends in den Arm, streicheln sanft ihre Wange, helfen ihr, sich in die Bettdecke einzukuscheln und wünschen ihr eine gute Nacht. Wenn die Pflegenden das Gute-Nacht-Ritual einmal abkürzen, steht die Bewohnerin wieder auf und geht unruhig hin und her.

Die Haut, das grösste Organ des Körpers, reagiert sehr empfindsam auf Berührungen. Die tägliche Körperpflege bietet sich als geradezu ideale Möglichkeit an, den kranken Menschen sinnliche Erfahrungen zu ermöglichen. Über die Körperpflege kann Energie und Wohlbefinden übertragen werden. Das Waschen, Eincrèmen und Massieren der Haut beispielsweise kann, wenn es einfühlsam vollzogen wird, Wärme und Vertrautheit schaffen, die alte Menschen beruhigen und ihnen das Gefühl geben, dass sie angenommen sind. Erogene Zonen befinden sich am ganzen Körper. Besonders empfänglich sind Hände, Füsse und Rücken. Pflegende, die es gewohnt sind, die demenzkranken Menschen täglich einzucrèmen, erfahren viel über diese und können sie dadurch im Alltag gezielter unterstützen. Selbstverständlich ist bei jedem Körperkontakt die Reaktion des kranken Menschen sensibel wahrzunehmen. Sie allein entscheidet darüber, wie viel an Nähe und Berührung möglich und angenehm ist.

Neben der Körperpflege gibt es andere Möglichkeiten, die Sinne anzuregen wie beispielsweise das Streicheln von Tieren oder genussvolles Essen.

Beispiel Eine demenzkranke Frau, die oft unruhig ist, beruhigt sich meist, wenn sie das weiche Fell einer Katze streicheln darf.

Auch Düfte, Gerüche und Gewürze werden vielerorts mit Erfolg eingesetzt. Sie regen die Sinnesorgane an und können längst vergessene Erinnerungen und Gefühle ins Bewusstsein rufen. Neben angenehmen Erinnerungen können auch schmerzliche auftauchen. Betreuende, welche einen demenzkranken Menschen gut kennen und fähig sind, auf diese Erinnerungen und die Gefühle, welche sie begleiten, einzugehen, helfen dem kranken Menschen, Schmerzliches und Schönes in die eigene Lebensgeschichte zu integrieren.

Vor allem bei Frauen spielt die äussere Erscheinung oft eine wichtige Rolle. So ist häufig der Wunsch nach einem gepflegten Äusseren vorhanden. Die Kleidung selber auswählen zu dürfen, sich zu schminken und schön frisiert zu sein, die Hände von der Maniküre pflegen zu lassen, sind wichtige Elemente, um sich auch im Alter anziehend zu fühlen. Frauenzeitschriften werden von den alten Frauen gerne durchgeblättert, und die abgebildeten Männer und Frauen werden kritisch kommentiert.

Zeitschriften für Männer gehören noch nicht oft zum Alltäglichen in einer Institution, was jedoch wünschenswert wäre. Zu denken ist beispielsweise an Zeitschriften über Autos und andere Interessengebiete von Männern bis hin zu Zeitschriften mit sexuellem Inhalt, die ein alter Mann sollte anschauen dürfen, ohne von Pflegenden vielsagende Blicke zu bekommen.

In einzelnen Fällen kann es angebracht sein, eine Sexualassistentin beizuziehen, die Massagen sowie erotische Spiele anbietet und Hinweise gibt, wie Sexualität autonom gelebt werden kann. Auch das sollte in einer Institution möglich sein, ohne dass sich ein Bewohner vor Pflegenden rechtfertigen oder schämen muss.

Sexualität aus Sicht der Pflege

Pflegende kommen aufgrund ihrer Tätigkeit den betagten Menschen körperlich sehr nahe. Es müssen zum Teil Grenzen überschritten werden. Oft ist es nicht zu vermeiden, dass pflegerische Handlungen zu Situationen führen, die für die betroffenen Menschen peinlich oder beschämend sind. Bislang ganz Privates und Intimes wird im Pflegealltag ein Stück weit öffentlich, was meist weder ausgesprochen noch begleitet wird. Die Beziehung zwischen pflegebedürftigen Menschen und Pflegenden ist von Abhängigkeit, ab und zu auch von Macht und Ohnmacht geprägt, was von den Pflegenden einen hohen Grad an bewusster Gestaltung der Beziehung verlangt. Gelingt es ihnen, körperliche Zuwendung freundlich und einfühlsam zu geben, können im Pflegealltag auch erotische Momente auftreten.

- Wichtig ist, dass die Pflegenden sich ganz klar an den Bedürfnissen des kranken Menschen orientieren sowie sich zugleich ihrer eigenen Grenzen bewusst sind. Den Respekt, den Pflegende gegenüber den Wünschen und Bedürfnissen der kranken Menschen aufbringen, dürfen sie auch für sich selbst in Anspruch nehmen.

Sie dürfen zu ihren eigenen Grenzen im Umgang mit den sexuellen Wünschen von Bewohnern und Bewohnerinnen stehen und diese auch klar benennen. Sie müssen es nicht dulden, an intimen Körperstellen berührt oder anzüglich angesprochen zu werden. Sie sollten die Möglichkeit haben, sich im Team auszutauschen und gemeinsam nach Lösungen zu suchen.

Beispiel Ein Bewohner «zwingt» Pflegende, ihm beim Onanieren zuzuschauen. Da das Thema im Team tabuisiert ist, erfährt es die Leitung erst, als der Bewohner nicht mehr in der Institution lebt.

Die körperliche Nähe, die durch die Pflege entsteht, kann bei den Pflegenden auch Gefühle von Scham und Ekel auslösen. Aufgrund der kulturellen Prägung wie auch der eigenen sexuellen Biografie reagieren Pflegende sehr unterschiedlich auf die sexuellen Bedürfnisse der demenzkranken Bewohnerinnen und Bewohner. Im Pflegeteam sollte offen über den Umgang mit diesen Bedürfnissen gesprochen werden. Dazu einige Anregungen:

- Welche körpernahen Situationen erlebe ich als schwierig?
- Welches Verhältnis habe ich selbst zur Sexualität?
- Kann ich alten Menschen sexuelle Bedürfnisse zugestehen?
- Wie bedeutsam ist das Geschlecht einer Pflegeperson für eine bestimmte Bewohnerin, einen bestimmten Bewohner?
- Welche Übereinkünfte werden im Team im Umgang mit Nähe und Distanz getroffen?
- Wird jeder pflegebedürftige Mensch mit seinen Bedürfnissen individuell wahrgenommen? Werden Nähe und Distanz in jeder Pflegebeziehung neu ausgelotet und nicht einfach auf alle angewandt?
- Wie kann auch bei intensiver Pflege die Selbstbestimmung der Gepflegten gewahrt werden?
- Wie gelingt die Balance zwischen Körper- und Sexualfreundlichkeit einerseits sowie Schutz der Intimsphäre anderseits?
- Wie viel Nähe ist für einen bestimmten Menschen hilfreich und wie viel Distanz nötig, damit sich beide Seiten wohl und nicht bedrängt fühlen?

Noch ist das Gespräch über Sexualität nicht überall selbstverständlich. Entsprechende Schulungen, in denen die eigenen Wertvorstellungen bewusst gemacht sowie Möglichkeiten zur Schaffung einer sinnlichen Umgebung erlernt werden, sind für Pflegende und damit indirekt für die kranken Menschen hilfreich. Vor allem Pflegende aus Kulturen, die einen andern Zugang zur Sexualität haben, sind auf Begleitung und Unterstützung angewiesen.

4.2 Auffälliges Verhalten von Menschen mit Demenz

Ursachen von auffälligem Verhalten

Das Leiden von Demenzkranken zu lindern sowie die betroffenen Menschen zu trösten, setzt voraus, dass Begleitende differenziert und sensibel wahrnehmen, was die Kranken leiden lässt. Erkrankte können oft nicht mehr mitteilen, was ihnen Unbehagen oder Schmerzen verursacht. Sie zeigen jedoch über ihr Verhalten, wenn etwas sie schmerzt.

- Auffälliges Verhalten kann ganz unterschiedliche Ursachen haben, angefangen von körperlichen bis hin zu seelischen Problemen.

Das Verhalten von Menschen mit Demenz kann als Reaktion darauf verstanden werden, dass sie sich und ihre Umwelt nicht mehr richtig wahrzunehmen vermögen. Veränderungen im Hirn führen dazu, dass Menschen mit Demenz Vergangenheit und Gegenwart gleichzeitig erleben, was für sie verwirrend sein kann. Halluzinationen und Wahnvorstellungen, Depressionen sowie die veränderte Wahrnehmung beispielsweise eines Bildes oder Schattens können Angst und Aggression auslösen. Auch Verhalten wie Schreien, Jammern, Unruhe, Apathie, Wandern oder Weglaufen können ein Ausdruck des Stresses und der Überforderung sein, den ein Mensch mit Demenz empfindet. Zu beachten ist, dass Demenzkranke häufig unter Seh- und Hörproblemen leiden, was aufgrund der sensorischen Unterstimulation Halluzinationen hervorrufen kann. Hier kann mit angepassten Hilfsmitteln Leiden gelindert werden. Genauso kann eine Überstimulierung mit zu vielen optischen oder akustischen Reizen Unruhe hervorrufen.

Die Pflegewissenschaftlerin Kovach[1] versteht auffälliges Verhalten als Ausdruck von unerfüllten Bedürfnissen, z.B. von unbehandelten Schmerzen. Wenn das auffällige Verhalten nicht richtig interpretiert wird und Bedürfnisse weiterhin unerfüllt bleiben, verstärkt es sich oder wird von neuen auffälligen Verhaltensweisen abgelöst. Das kann zu einschneidenden Folgen führen wie beispielsweise Verletzungen der Kranken oder Burn-out der Betreuenden, was sich in Institutionen in häufigem Personalwechsel manifestiert.

Das Fortschreiten der Krankheit führt dazu, dass die Sprachfähigkeit abnimmt und körperliche Probleme zunehmen wie beispielsweise Schmerzen, Schluckprobleme, Gewichtsverlust, Flüssigkeitsmangel, Mangelernährung, Urin- und Stuhlinkontinenz, Verstopfung, Mobilitätsprobleme, Sturzgefahr, Schlafprobleme, Probleme mit Tag- und Nachtrhythmus, Infektanfälligkeit, Lungenentzündungen, Druckgeschwüre. Werden Bedürfnisse, die sich aus den genannten körperlichen Problemen ergeben, nicht wahrgenommen, kann das zu Unruhe und auffälligem Verhalten führen. Ebenso führen nicht wahrgenommene und daher unerfüllte Bedürfnisse auf seelischer Ebene wie beispielsweise, sich nicht zu Hause zu fühlen, Langeweile, Einsamkeit, unangemessene Kommunikation oder Körperkontakte mit anderen Menschen oder das Gefühl, alltägliche Verrichtungen nicht mehr ausführen zu können, zu auffälligem Verhalten.

Erkennen und Behandeln unerfüllter Bedürfnisse

Unerfüllte Bedürfnisse müssen von Begleitenden wahr- und aufgenommen werden, indem verschiedenes ausprobiert wird, bis das auffällige Verhalten nicht wieder auftritt.

Kovach entwickelte dazu die Methode der «Serial Trial Intervention»: Stufenweise wird versucht, mögliche unerfüllte Bedürfnisse zu erkennen und ein Angebot zur Linderung zu

---

[1]   Christine R. Kovach, Professorin für Pflegewissenschaft an der Universität Wisconsin-Milwaukee.

machen. Wenn eine Stufe keinen Erfolg bringt, wird die nächste Stufe, allenfalls in Absprache mit entsprechenden Fachpersonen, ausprobiert. Die Methode umfasst fünf Schritte:

1. Körperliche Probleme suchen und behandeln.
2. Emotionale und spirituelle Bedürfnisse suchen und entsprechende nicht-pharmakologische Interventionen anbieten.
3. Andere nicht-pharmakologische Interventionen anbieten.
4. Schmerztherapie testen.
5. Psychopharmaka testen.

Konkret wird die «Serial Trial Intervention» wie folgt umgesetzt. Ist ein demenzkranker Mensch unruhig, wird zunächst nach körperlichen Problemen gesucht, und diese werden entsprechend behandelt. Finden sich keine körperlichen Ursachen oder bringt die Behandlung keine Besserung wird die zweite Stufe in Betracht gezogen, dann allenfalls die dritte, vierte oder fünfte.

Mögliches Beispiel

1. Abklären, ob Harnwegs- oder anderer Infekt vorhanden ist und allenfalls behandeln.
2. Person *fühlt* sich *vielleicht* allein und verloren: Hand- oder Fussmassage ausprobieren.
3. Beim Demenzkranken sitzen, Hand halten, mit ihm spazieren.
4. Schmerzmedikament geben, eventuell verschiedene ausprobieren, nach WHO-Stufenschema[1].
5. Psychopharmakon unter Beizug einer Fachperson für Gerontopsychiatrie abgeben.

Je nach Problem und Behandlung wird unterschiedlich viel Zeit benötigt, um die Wirkung zu beurteilen. Bei einer Mas-

---

[1] siehe z.B.: www.painonline.ch oder www. Schmerzpatienten.ch.

sage kann die Wirkung nach Minuten abgeschätzt werden, beim Einsatz von Antibiotika braucht es ein paar Tage.

Hilfreiche Reaktionen von Begleitenden

Auch wenn Begleitende alle zur Verfügung stehenden Möglichkeiten zur Linderung von unerfüllten Bedürfnissen ausschöpfen, kann ein Rest von auffälligem Verhalten bestehen bleiben. Manchmal werden demenzkranke Menschen wütend, werfen mit Gegenstände und schreien. Es kann auch sein, dass sie ihre Angehörigen oder Pflegende tätlich angreifen. Dies kann vor allem Angehörige völlig aus der Fassung bringen. Sie fühlen sich verletzt und sind traurig darüber, wie sehr sich der kranke Mensch verändert hat. Für den demenzkranken Menschen selbst kann ein Wutanfall die einzige Möglichkeit sein, etwas zum Ausdruck zu bringen, beispielsweise, dass er seine Mitmenschen um Dinge bitten muss, die er früher allein erledigen konnte. Auch wenn der Grund für seine Wut nicht ersichtlich ist, gibt es Reaktionsweisen, welche die Häufigkeit von Wutausbrüchen zu verringern vermögen.

- Möglichst gelassen bleiben, es nicht persönlich nehmen, nicht intervenieren.
- Sich keine Vorwürfe machen, wenn man einmal «falsch» reagiert. Die Erkrankten vergessen dies in der Regel schnell wieder.
- Sich überlegen, was die traurige oder wütende Reaktion ausgelöst haben könnte, um sie allenfalls künftig zu vermeiden.
- Nicht bevormundend oder gar herrisch auftreten.
- Bis zehn zählen, bevor man reagiert.

Beispiel Ein ehemaliger Manager, der in gewissen Momenten so eigensinnig ist, dass schon Kleinigkeiten Aggressionen hervorrufen, wird so begleitet, dass er immer wieder als «Chef» angesprochen und ihm diese Rolle gezielt gegeben wird. Seinem Begehren wird kommentarlos entsprochen.

Der Slogan, der dazu entstand, lautet: «Ein Boss wird wie ein Boss behandelt!» Der Mann wird umgänglich.

Ein Wut- oder Traurigkeitsausbruch ist eine Folge der Krankheit, und meist sind demente Menschen nach kurzer Zeit wieder freundlich und liebenswürdig.

Vielleicht lässt sich herausfinden, was der Auslöser war, indem man überlegt, was unmittelbar vorher geschah. Vielleicht fühlte sich der kranke Mensch durch eine Aufgabe überfordert, die in Zukunft vereinfacht oder vermieden werden könnte.

Beispiele von Verhaltensauffälligkeiten

Antriebslosigkeit

Demenzkranke sitzen oft lange Zeit in einem Sessel, ohne irgendetwas tun zu wollen. Es ist sogar möglich, dass sie nicht mehr sprechen und sich in sich selbst zurückziehen.

Beispiel *«Seit einem Jahr fällt es meiner Mutter sehr schwer, sich zu Tätigkeiten aufzuraffen. Wenn sie sich selbst überlassen bleibt, sitzt sie die meiste Zeit des Tages in ihrem Sessel. Ich habe aber herausgefunden, dass sie manches immer noch gerne tut, sofern ich ihr den Anstoss dazu gebe, wie beispielsweise ihren Nähkasten aufräumen.»*

Nimmt ein dementer Mensch die Anregung einer begleitenden Person auf, wirkt sie unterstützend. Der kranke Mensch soll für seine Tätigkeit Anerkennung erhalten, sein Tun aber auch beenden dürfen, wenn er genug hat. Nicht hilfreich ist es, einen kranken Menschen zu nötigen, etwas zu tun, wenn er deutlichen Widerstand zeigt.

Klammern

Es gibt Demenzkranke, die sich an ihre Angehörigen klammern und ihnen auf Schritt und Tritt folgen. Die kranken Menschen beanspruchen nicht nur die volle Aufmerksamkeit ihrer Angehörigen, sondern rauben ihnen auch jegliche Rückzugsmöglichkeit.

Beispiel «*Manchmal ist es wirklich sehr schwer. Meine Frau folgt mir überall hin und strapaziert meine Geduld bis an die Grenzen. Die einzige Zuflucht ist das Bad. Um die Zeitung lesen zu können, muss ich mich im Bad einschliessen.*»

Wenn man bedenkt, dass Demenzkranke in einer sich ständig verändernden und deshalb beängstigenden Welt leben, ist es verständlich, dass sie die Menschen, welche sie betreuen, nicht aus den Augen lassen wollen. Sie sind für die Kranken der einzige, stabile Bezugspunkt. Bevor Angehörige jedoch völlig erschöpft sind, sollten sie versuchen, etwas zu verändern. Sie könnten dem kranken Menschen versichern, sie kämen bald wieder zurück, oder jemanden organisieren, der während einer Abwesenheit bei ihm bleibt oder ihm für die Dauer der Abwesenheit eine Beschäftigung geben.

Sozial unangepasstes Verhalten

Das Verhalten von Menschen mit Demenz ist nicht mehr durch soziale Konventionen kontrolliert. Sie benehmen sich daher gelegentlich auf eine Art und Weise, die völlig unpassend erscheint. Sie tun auch Dinge, welche andere als sehr eigenartig, störend oder gar peinlich empfinden. Problematisch ist dies vor allem für die Angehörigen, weniger jedoch für Aussenstehende, die meist verständnisvoll reagieren, wenn sie erfahren, dass das auffällige Verhalten krankheitsbedingt ist. Es ist in solchen Fällen wichtig, dass Angehörige ruhig bleiben und den kranken Menschen sanft aus der Situation herauszuführen oder ihn abzulenken versuchen.

Beispiel «*In einem Supermarkt geht mein Vater auf eine Dame zu, deutet auf ein Glas Honig, das diese in der Hand hält, und sagt: ‹Ah, Honig, das ist gut!› Ich schäme mich über die distanzlose Art, wie er die Dame anspricht, die wir beide nicht kennen.*»

Manchmal ziehen demente Menschen ihre Kleider aus, und das bevorzugt dann, wenn andere Menschen anwesend sind. Meist ziehen sie ihre Kleider anschliessend wieder an, jedoch nicht in der richtigen Reihenfolge. Dieses Verhalten ist Ausdruck ihres Drangs nach Beschäftigung und nicht auf ein sexuelles Bedürfnis zurückzuführen. Hilfreiche Reaktionen sind:

- Ruhig bleiben und dem Kranken behilflich sein, die Kleider wieder anzuziehen.
- Dem kranken Menschen eine Decke umlegen, damit seine Würde gewahrt wird.
- Ihm einen Stoffballen, eine Serviette oder Klötzchen zur Beschäftigung anbieten.

Selbstverständlich ist zuerst zu prüfen, ob der Demenzkranke weder zu heiss noch zu kalt hat und deshalb seine Kleider an- oder auszieht.

Schlafstörungen

Oft leiden demente Menschen unter Schlafstörungen. Sie geistern nachts herum, was ihre Angehörigen um den Schlaf bringt und sie in Angst versetzt, die kranken Menschen könnten stürzen und sich verletzen. Es kann in solchen Fällen helfen, den Schlaf tagsüber zu beschränken oder dem Kranken etwas Milch, allenfalls wenig Alkohol vor dem Schlafengehen zu trinken zu geben. Ein brennendes Nachtlicht oder eine offene Schlafzimmertür können ebenfalls beruhigend wirken. Beruhigungs- oder Schlafmittel können kontraproduktiv sein, weil dann der kranke Mensch in einem dösenden Zustand umherirren und sich verletzen oder stürzen könnte. Medikamentöse Behandlungen sind in jedem Fall mit einer Fachperson zu besprechen.

Es kann Demenzkranke beruhigen, wenn Begleitende mit ihnen eine Zeit lang wach bleiben, allenfalls einige Schritte an der frischen Luft mit ihnen gehen, bis sie wieder müde sind und gerne ins Bett gehen. In Institutionen kann ein Nachtcafé eingerichtet werden, in dem sich schlaflose Menschen treffen und etwas trinken können oder auch ein Frühstück erhalten.

- Bei allen Reaktionen auf Verhaltensauffälligkeiten der kranken Menschen ist zu beachten, dass der Mensch mit seiner Krankheit ernst genommen wird und sich mit seiner Krankheit von seiner Umgebung angenommen und getragen erfährt.

4.3 Aggressives Verhalten von Menschen mit Demenz

Aggression und Gewalt sind nie angemessene Verhaltensweisen. Dass sie aber bei der Betreuung von Menschen mit Demenz immer wieder vorkommen, ist Grund genug, sich damit auseinanderzusetzen. Aggression kann von den demenzkranken Menschen selber ausgehen und sich gegen Betreuende richten wie auch umgekehrt. Auch Betreuende können sich aggressiv bis hin zu gewalttätig gegenüber Demenzkranken verhalten. Da es bereits einige Literatur zur Gewalt gegenüber Pflegebedürftigen gibt,[1] beschränken wir uns hier darauf, aggressives Verhalten von Erkrankten zu thematisieren und Möglichkeiten aufzuzeigen, wie Betreuende darauf reagieren könnten.

- Aus spiritueller Sicht geht es darum, die Grenzen der Kranken anzuerkennen, sie in ihrem Leiden ernst zu nehmen und ihnen mit einer inneren Haltung von Respekt und

---

[1] Hirsch, R. D. et al. (Hrsg.). (1998). Gewalt im Alter. Bonner Schriftenreihe. Bonn.
Brunner, Th. (Hrsg.). (1999). Gewalt im Alter. Formen und Ursachen lebenslagenspezifischer Gewaltpotentiale. Marburger Forum zur Gerontologie: Bd. 5. Vektor-Verlag: Grafschaft
Unabhängige Beschwerdestelle für das Alter UBA. www.uba.ch / Sensibilisierungskampagne Misshandlung im Alter ZH / SH.

Wohlwollen zu begegnen. Das bedeutet, dass Betreuende in Beziehung treten zu den kranken Menschen und diese Beziehung auch in schwierigen Situationen durchhalten.

Definition von Aggression

Aggression ist zunächst ein wertneutraler Begriff, der sowohl konstruktive wie destruktive Bedeutung annehmen kann. Wir beschränken uns hier auf dien destruktive Bedeutung von Aggression als absichtliche Schädigung, Kränkung oder Verletzung einer anderen Person, welche diese Schädigung vermeiden möchte.

- Von Aggression spricht man, wenn bei einem Täter die Absicht erkennbar ist, eine andere Person körperlich oder seelisch zu verletzen.

Aggression ist eine zwischenmenschliche Interaktion, also nur wirklich verstehbar, wenn das Verhalten beider betroffenen Personen beobachtet wird. Es gibt weder ein einfaches Opfer-Täter-System noch ein neutrales Vorverhalten.

Beispiel Die betreuende Person hat heute einen schlechten Tag. Der demenzkranke Mensch spürt das sofort, erfährt sie als weniger sorgfältig als sonst und reagiert mit einer verbalen Attacke.

Beispiel Die betreuende Person fühlt sich körperlich und kräftemässig unterlegen, was der kranke Mensch ausnützt, indem er Forderungen stellt und droht.

Verstehenshilfen

Aus der Vielfalt von Erklärungstheorien sollen hier einige kurz vorgestellt werden.

Frustrations-Aggressions-Hypothese

Diese Theorie (Dollard, Miller et. al., 1975) betrachtet Aggression als Folge einer Frustration oder Enttäuschung darüber, dass die Befriedigung eines Bedürfnisses verhindert wird. Äussert ein Kranker beispielsweise beim Wecken am Morgen den Wunsch, länger liegen zu bleiben, kann es zu einer Frustration kommen, wenn die betreuende Person auf dem Aufstehen beharrt. Aggressives Verhalten seitens des kranken Menschen kann dann eine mögliche Folge sein.

Beispiel *Es ist Zeit zum Aufstehen in einer Institution. Ein Bewohner weigert sich zum wiederholten Mal aufzustehen und wird dazu gezwungen. Er versteckt sich unter der Decke. Die Pflegende zieht die Decke weg und erhält einen Fusstritt in die Magengegend. Es kommt zusätzlich zu einer Verbalattacke. Da «rutscht der Pflegenden die Hand aus».*

Eine aggressive Reaktion kann vom Durchsetzen der Bedürfnisbefriedigung bis zur Verletzung von Menschen oder Zerstörung von Gegenständen führen. Allenfalls kann ein Mensch sie auch gegen sich selbst, das heisst nach innen richten.

Lernen durch Beobachten und Nachahmen

In Experimenten (Bandura, 1973) konnte nachgewiesen werden, dass sowohl Kinder als auch Menschen mit Demenz aggressives Verhalten, das sie als Zeugen im Alltag real beobachtet oder in einem Film gesehen haben, nachahmen. Allein schon das Sehen von Gewalt kann zu aggressivem Verhalten führen. Oft werden Personen imitiert, die einen höheren sozialen Status oder Erfolg haben, oder Personen, mit denen man sich verbunden fühlt und die man liebt.

Beispiel *Der rüde Umgangston einer Pflegenden wird vom kranken Menschen übernommen, vor allem dann, wenn das imitierte Verhalten zum Erfolg führt.*

Motivationstheorie

Aggression kann auch als Unfähigkeit, eigene Wut zu beherrschen oder sie umzuleiten, verstanden werden (Kornadt, 1992). Der Erwerb von Kontrolle über aggressive Impulse ist ein Merkmal der Persönlichkeitsentwicklung. Ein gesunder Mensch hat gelernt, seine Wut zu beherrschen oder sie mittels einer sportlichen oder anderen Betätigung umzuleiten. Einem Kranken stehen diese Möglichkeiten nicht mehr zur Verfügung. Die Motivationstheorie ist für die Betreuung von Menschen mit Demenz auch deshalb bedeutsam, weil antrainierte Hemmungen durch die fortschreitende Erkrankung wegfallen können.

Beispiel Beim Essen schlägt eine demenzkranke Frau dem Betreuer den Löffel aus der Hand. Der Betreuer verlässt den Raum. Nach kurzer Zeit beruhigt sich die Frau, die wahrscheinlich aus Wut über ihre Hilflosigkeit so reagiert hat.

Beispiel Die Tochter besucht ihre an Demenz erkrankte Mutter in einer Institution. Es sind gerade keine Pflegenden da. Die Mutter gibt zu verstehen, sie müsse zur Toilette. Die Tochter geht mit und will der Mutter helfen, mit Kleidern und Einlagen zurechtzukommen. Diese attackiert die Tochter mit Händen, Füssen und der Stimme, bis die Tochter mit dem Kopf gegen die Wand schlägt und beide zu weinen beginnen.

Wahrscheinlich spürt die Mutter ihre Hilflosigkeit und schämt sich dafür. Vielleicht hat die Tochter sie auch ihre eigene Hilflosigkeit oder ihren Ekel spüren lassen. Zukünftig wäre es besser, eine Pflegefachkraft zu rufen.

Angst

Ein weiterer Versuch, die Entstehung von Aggression zu erklären, ergibt sich aus der Beobachtung, dass Angst Aggression auslösen kann. Angst hat viele Gesichter. Aggression kann aus Angst vor Zurückweisung, vor dem Verlassenwerden oder vor zu viel Nähe entstehen und kann sich beispielsweise in wahnhaften Vorstellungen oder einem bedrohten Selbstbild äussern. Auch Angst aus Desorientierung kann bei Demenzkranken Ursache von Aggression sein.

Bespiel Ein Demenzkranker verweigert jede Nahrung. Er meint, er werde wie früher gegen seinen Willen gefangen gehalten und spuckt dem Betreuer das Essen ins Gesicht.

Beispiel Ein demenzkranker Mensch liegt völlig verkrampft im Bett, weil er gehört hat, dass er zum Arzt muss. Er wehrt sich vehement gegen die Pflegende, die ihn ankleiden will.

Aggression als Kontaktaufnahme

Aggressionen können auch eine Möglichkeit sein, auf sich aufmerksam zu machen, um mit der Umwelt in Kontakt zu treten, in der Hoffnung, das aggressive Verhalten bewirke Zuwendung.

Beispiel In einer Institution sitzen die Bewohner/-innen im Tagesraum. Die Pflegenden sind in der Nähe, aber mit anfallenden Tätigkeiten beschäftigt. Eine Bewohnerin beginnt ihre Nachbarin zu schlagen. Unweigerlich muss sich eine der pflegenden Personen um beide kümmern. So erhält auch die aggressive Person Aufmerksamkeit.

Körperliche Faktoren

Hirnschädigungen durch Demenz und Medikamente können aggressives Verhalten auslösen. Wenn Betreuende vermuten, dass Medikamente die Ursache von aggressivem Verhalten sind, sollten sie die Medikation durch einen Arzt überprüfen lassen. Auf keinen Fall dürfen Medikamente ohne ärztliche Verordnung durch andere ersetzt werden.

Verhalten bei Aggression

Wer gelernt hat, aggressives Verhalten differenziert einzuschätzen, wird auch fähig sein, differenziert zu reagieren.

■ Auf keinen Fall dürfen Betreuende der Versuchung erliegen, Aggression als gegen ihre Person gerichtete Kränkung aufzufassen und mit Gegenaggression zu reagieren.

Vorbeugende Massnahmen

- Vertraute Umgebung nicht verändern, persönliche Gegenstände des Kranken immer an denselben Platz legen.
- Gewohnheiten des Kranken beibehalten.
- Tagesablauf überschaubar, geregelt, gleichförmig gestalten.
- Unter- sowie Überforderung vermeiden.
- Leistungen anerkennen, loben.
- Bilder oder Gegenstände, die aggressive Reaktionen auslösen können, entfernen.

Hilfreiche Reaktionen

Aufkeimende Aggressionen entschärfen:

Beispiel Ein Bewohner mit fortgeschrittener Demenz bekommt von einem Besucher Unterstützung beim Mittagessen, was er sichtlich geniesst. Der Besucher wendet sich ohne Erklärung zur Nachbarin, die in ihrem Essen herumstochert, um auch sie zu ermutigen. Schlagartig verdüstert sich der Gesichtsausdruck des Bewohners. Der Besucher erkennt, dass sich der Bewohner durch das wortlose Abkehren missachtet fühlt. Nach einer Entschuldigung und geduldigem Zureden gelingt es ihm, dem Bewohner ein Lächeln zu entlocken.

Andere Möglichkeiten, aufkommende Aggressionen zu entschärfen, sind beispielsweise

- Das Leiden anerkennen, indem man den Grund für die Aggression mit Worten ausdrückt.
- Sich laut mitärgern, was jedoch eine Vertrauensbeziehung zum kranken Menschen voraussetzt.
- Die aggressive Energie in Bewegung umsetzen, das heisst, mit jemandem spazieren gehen.
- Die Hand beruhigend zwischen die Schulterblätter legen.
- Grenzen setzen:
  Mit dem Ausruf «Stop», «Halt» oder «Nein, so nicht» sowie zugleich die Hand des Kranken halten deutlich machen, dass hier eine Grenze erreicht ist.
- Sich selbst beruhigen:
  Zuerst auf zehn zählen, tief durchatmen, dann mit ruhiger Stimme sprechen, vielleicht auch Körperkontakt suchen und so dem Kranken zu spüren geben, dass seine Hilflosigkeit erkannt und seine Not beachtet wird.
- Körperlich reagieren:
  Bei körperlicher Aggression ist es zunächst wichtig, keine Angst vor dem Kranken zu haben sowie mit langsamen Bewegungen zu reagieren. Meist wirkt es beruhigend, wenn die betreuende Person kurz auf Distanz geht. Manchmal entspannt sich die Situation jedoch auch, wenn die pflegende Person bewusst näher an den kranken Menschen heranrückt. Was im Moment hilfreich ist, muss die Pflegeperson selber abschätzen. Entschärfend kann auch sein, sich vom Kranken zu entfernen, das Zimmer zu verlassen, zu warten, bis er sich beruhigt hat, und erst dann wieder zu ihm zu gehen oder die pflegerische Handlung jemand anderem zu überlassen.
- Ablenken:
  Beim Essen beispielsweise die Mahlzeit unterbrechen, mit dem kranken Menschen über etwas ganz anderes reden, gemeinsam etwas vor dem Fenster oder im Zimmer beobachten und das Essen anschliessend ruhig fortsetzen.

Nicht hilfreiche Reaktionen

- Ignorieren:
  Schweigen und so tun, als ob nichts geschehen wäre, bedeutet, die Situation zu tolerieren. Der Demenzkranke merkt nicht, dass er eine Grenze überschritten hat. Er wird letztlich auch nicht ernst genommen. Die Aggression kann sich verstärken.
- Verharmlosen:
  «Sie sind doch ein lieber Mensch, das Essen wird kalt, essen Sie jetzt.» Solche ‹Spiele› stehen in Gefahr, zu Wiederholungen zu führen. Zudem wird die Gefühlslage des kranken Menschen nicht ernst genommen. Er bekommt zwar Zuwendung, die Ursache seiner Aggression bleibt jedoch ungeklärt.
- Strafen:
  «Wenn das noch einmal vorkommt, gibt es keinen Nachtisch.» Oder: «Sie bleiben im Zimmer heute Nachmittag.» Strafen lösen Ängste aus und helfen nicht weiter.

Anregungen zur Reflexion

In einer Institution können die Mitglieder eines Teams sich gegenseitig unterstützen indem sie

- Aggressives Verhalten gemeinsam reflektieren.
- Aggressives Verhalten protokollieren und nach allfälligen Mustern suchen, wann es auftritt.
- Nach Gründen für aggressives Verhalten suchen.
- Mögliche Reaktionsweisen im Team besprechen.
- Rahmenbedingungen beachten.
- Ihre eigenen Anteile in aggressiven Situationen wahrzunehmen versuchen.

Fragen zur gemeinsamen Reflexion von Gründen für aggressives Verhalten:

- Hat jemand Schmerzen?

- Besteht ein Schlafdefizit?
- Hat jemand Durst und keinen Hunger?
- Fühlt sich ein kranker Mensch einsam?
- Fühlt er sich überfordert?
- Hat er Schwierigkeiten mit einer betreuenden Person?
- Kann ein Mensch seine Aggression nicht mehr kontrollieren?
- Hat er Angst vor einem bestimmten Ereignis beispielsweise vor einem Besuch oder einem Arzttermin?
- Hat er Angst vor dem Tod, dem Sterben?

Fragen zur Reflexion des Verhaltens von Betreuenden:

- Habe ich den kranken Menschen erschreckt?
- Habe ich ihm Schmerzen zugefügt?
- War ich hektisch?
- War ich rüde?
- Habe ich seine Intimsphäre verletzt?
- War ich zu bestimmend?
- Habe ich seine Gewohnheiten missachtet?
- Fühle ich mich erschöpft?
- Habe ich Schmerzen?
- Ist meine Arbeitssituation unbefriedigend?
- Habe ich Probleme mit dem Demenzkranken?
- Fehlt mir die Wertschätzung ihm gegenüber?

Rahmenbedingungen beachten

Gewalt und Aggression können auch aufgrund von Rahmenbedingungen hervorgerufen werden. In einer Institution sind beispielsweise eine angespannte Personalsituation, ein schlechtes Klima im Team, hohe Arbeitsbelastung, mangelndes Fachwissen, unreflektierte Haltungen und persönliche Probleme Faktoren, die zur Entstehung von Aggressionen beitragen.

Im privaten Rahmen führt meist die hohe Belastung von pflegenden Angehörigen zu aggressivem Verhalten.

- Falls Angehörige oder professionelle Pflegende erkennen, dass ihre eigene Überlastung Grund für aggressive Situationen mit dem demenzkranken Menschen ist, sind dringend Massnahmen zur Entlastung zu prüfen und einzuleiten.

4.4 Abschied nehmen

Entscheidungen treffen

Demenz ist eine Krankheit, die über viele Jahre langsam fortschreitet. Dabei kommt es immer wieder zu plötzlichen Verschlechterungen beispielsweise durch eine akute Erkrankung. Nach einer Phase der plötzlichen Verschlechterung erholen sich Menschen mit Demenz nicht mehr vollständig. Jede akute Verschlechterung kann in den Tod münden. Wie lange Menschen mit einer Demenz leben, ist jedoch sehr unterschiedlich und abhängig davon, ob akute Krankheiten behandelt werden oder nicht.

Menschen mit Demenz erhalten am Lebensende oft ungenügende medizinische und pflegerische Betreuung. So werden etwa Schmerzen aufgrund anderer Krankheiten wie Arthrosen oft nicht erkannt und ungenügend behandelt. Ernährungssonden bei Schluckproblemen oder Fixationen werden eingesetzt, obwohl deren Nutzen nicht nachgewiesen werden konnte. In der Behandlung medizinischer Probleme ist der Nutzen der Behandlung mit dem möglichen Schaden durch Nebenwirkungen, zu denen sich der demenzkranke Mensch nicht direkt äussern kann, sorgfältig abzuwägen.

- Wichtig ist, das Leiden der sterbenden Menschen zu lindern: dadurch dass sie menschliche Nähe erfahren können, Beschwerden wie Schmerzen, Angst oder Atemnot behandelt werden und pflegerische Massnahmen wie Befeuchten des Mundes oder regelmässige Umlagerungen das Wohlbefinden gewährleisten.

Da Demenzkranke sich nicht über ihr Unwohlsein oder Leiden äussern können, sind Gesichtsausdruck, Bewegungen, Körperhaltungen, Ess- und Schlafverhalten oder Reaktionen auf Menschen oder Handlungen genau zu beobachten.

Menschen mit Demenz sterben oft an einer Komplikation, die als Folge ihrer Demenz oder einer anderen chronischen Krankheit eintritt, beispielsweise an einer Lungenentzündung, die sie sich durch Verschlucken aufgrund einer demenzbedingten Schluckstörung zuziehen. Für die Angehörigen und Fachpersonen bedeutet dies, schwierige Entscheidungen zu treffen. Sollen lebenserhaltende Massnahmen wie eine Antibiotikatherapie durchgeführt werden oder soll der kranke Mensch an der Lungenentzündung sterben dürfen? Wer entscheidet aufgrund welcher Überlegungen?

- In solchen Situationen muss der mutmassliche Wille der kranken Person eruiert und respektiert werden. Das kann geschehen, indem die Lebensqualität vor der Verschlechterung eingeschätzt, frühere mündliche oder schriftliche Äusserungen der kranken Person beachtet und Informationen von Angehörigen zu Einstellungen der kranken Person bedacht werden.

Idealerweise werden solche Entscheide möglichst besprochen, bevor eine solche Situation eintrifft gemeinsam mit allen Beteiligten, mit dem demenzkranken Menschen selbst, solange er sich noch äussern kann, sowie mit den Angehörigen und möglichst allen beteiligten Fachpersonen, die ihn betreuen.

Das hilft, dass bei niemandem Schuldgefühle zurückbleiben. Kann ein demenzkranker Mensch sich nicht mehr selbst äussern, ist zu beachten, dass nicht der Wille der Angehörigen eruiert werden soll. Es geht darum, gemeinsam herauszufinden, wie sich der kranke Mensch entscheiden würde, wenn er sich äussern könnte.

Angehörige von Demenzkranken sollen bei Entscheidungen über medizinische Therapien beraten und begleitet werden. Das heisst, sie benötigen verständliche Informationen, um Therapien oder dem Unterlassen von Therapien zustimmen oder sie ablehnen können. Sonst besteht die Gefahr, dass sie sich für den Tod ihres Familienmitgliedes verantwortlich und schuldig fühlen oder das Vertrauen in die Fachpersonen verlieren.

Voraussetzungen für Entscheide sind:

-   Eine genaue Diagnose
    Wenn beispielsweise ein Mensch mit einer fortgeschrittenen Demenz nicht mehr isst, ist abzuklären, ob Probleme mit Zähnen, Zahnfleisch, Zahnprothesen vorhanden sind, die behoben werden können, ob Schluckprobleme aufgrund der Demenzerkrankung vorliegen oder ob nicht mehr zu essen als Ausdruck eines Sterbewunsches zu deuten ist. Auch eine Depression kann bei Menschen mit Demenz dazu führen, dass sie nicht mehr essen.
-   Eine möglichst genaue Prognose
    Eine unbehandelte Blasenentzündung beispielsweise führt nicht zum Tod, aber zu Leiden an Schmerz und Unruhe, während eine unbehandelte Lungenentzündung zum Tod führt.
-   Der Einfluss auf die Lebensqualität
    Bei einer Schluckstörung beispielsweise ist abzuklären, ob ein Mensch gewisse Mahlzeiten trotz Schluckproblemen noch geniessen kann oder ob das Essen für zwischenmenschliche Kontakte für ihn wichtig ist.

Sterbende begleiten

Erfahrungen und Studien zeigen, dass sich auch Menschen mit einer fortgeschrittenen Demenz zum Thema Sterben äussern, sei das in Form eines Bildes, eines Sterbewunsches oder gar einer Suizidäusserung. Hier gilt es, aufmerksam hinzuhören.

Beispiel Eine demenzkranke Frau schaut zum Fenster hinaus. Sie zögert, als eine Pflegende fragt, woran sie denke. Dann meint sie leise: «Wächst wohl ein Bäumlein auf meinem Grab?»

Einen Menschen in seinem Sterben zu begleiten, setzt voraus, dass Begleitende sich selbst mit dem Thema auseinandersetzen. Und das in dreifacher Hinsicht.

- Erstens geht es um ihre Haltung gegenüber ihrem eigenen Sterben, ein Thema, das oft angstbesetzt ist und verdrängt wird. Es gehört jedoch zur Professionalität von Pflegenden, sich damit zu befassen, wenn möglich mit Unterstützung einer Fachperson der Seelsorge. Auch Angehörigen ist zu empfehlen, sich dem Gedanken an ihr eigenes Sterben zu stellen. Falls sie einen Zugang zu einem Seelsorger oder einer Seelsorgerin haben, kann das sehr hilfreich sein.
- Zweitens geht es um die Einstellung gegenüber Sterben und Tod des demenzkranken Menschen. Begleitende sollten sich bewusst machen, was sie mit dem sterbenden Menschen verbindet und was der Tod dieses Menschen für sie bedeutet. Für Angehörige, die meist in einer lebenslangen Beziehung mit dem sterbenden Menschen stehen, ist das naturgemäss viel komplexer und tiefgreifender als für professionell Pflegende. Jedoch können sich auch Pflegende, welche einen demenzkranken Menschen intensiv betreut haben, sehr mit ihm verbunden fühlen. Sterben und Tod eines demenzkranken Familienmitgliedes erleben die Angehörigen auf unterschiedliche Art und Weise. Es ist wichtig, dass sie in dieser Zeit Ansprechpersonen haben, mit denen sie über ihre Ängste und Unsicherheit sprechen können, die verstehen, dass sie traurig sind und schon vor dem Tod ihres kranken Familienmitglieds grosse Verlustgefühle empfinden. Nach Möglichkeit sind Fachpersonen der Seelsorge, die für die Begleitung bei Lebensfragen geschult

sind, für die Gespräche mit Pflegenden und Angehörigen beizuziehen.

Betreuende, welche den Gedanken an Sterben und Tod verdrängen, sind kaum in der Lage, einen sterbenden Menschen in *seinem* Sterben zu begleiten. Sie stehen in Gefahr, zu sehr von ihren eigenen unbewussten Ängsten und Vorstellungen von Sterben und Tod besetzt zu sein. Das kann beispielsweise dazu führen, dass sie jedes Gespräch über das Sterben vermeiden und damit den kranken Menschen mit seinen Ahnungen, Ängsten oder Wünschen sich selbst überlassen.

– Drittens sollten sich Mitarbeitende einer Institution erkundigen, was einer Familie rund um Sterben und Tod des kranken Menschen wichtig ist und dies auch respektieren.

Beispiel *Die Ehefrau eines demenzkranken Mannes erzählt, dass eine Mitarbeiterin des Pflegeheims nach dem Tod ihres Mannes sofort das Fenster geöffnet hat. Sie hat das als störend und unangemessen empfunden.*

Beispiel *«M. atmete flach und schnell, sie hatte noch immer Fieber. Der Puls war kaum zu fühlen, und es war erkennbar, dass sie den Tag nicht überleben würde. Wir ermöglichten der Tochter, den oft geäusserten Wunsch der Mutter, in der Sterbestunde das Requiem von Brahms zu hören, zu erfüllen. Dann betete die Tochter das Vaterunser für die Mutter, was diese sich ebenfalls gewünscht hatte. Einige Zeit später nach einem kurzen Husten war es überraschend schnell geschehen: M. hatte aufgehört zu atmen. Alles Kindliche aus der Zeit der Verwirrtheit war einem tiefernsten Ausdruck gewichen. Die Ruhe und die Würde des Todes schienen alles Leid in ihrem Gesicht geglättet zu haben.»*

- Ebenso wie alle an Demenz erkrankten Menschen ihre Krankheit individuell erleben, leben sie am Ende ihr eigenes Sterben und ihren eigenen Tod.

Auch Professionellen ist es deshalb nicht möglich, den Verlauf des Sterbeprozesses vorherzusagen. Für viele Angehörige ist der Gedanke, ihr krankes Familienmitglied im Moment des Sterbens allein zu lassen, schwierig bis unerträglich. Sie versuchen deshalb, möglichst rund um die Uhr am Bett des Sterbenden zu wachen. Zieht sich der Sterbeprozess länger als erwartet dahin, kann das zu Erschöpfungszuständen führen. Es kann Angehörige sehr entlasten zu erfahren, dass viele Menschen genau in dem Augenblick sterben, in dem sie allein sind.

Beispiel «Mutter starb am Neujahrstag im Heim. Schon am Tag davor hatte ich beim Betreten ihres Zimmers ein seltsames Gefühl. Sie röchelte und schwitzte und es bestand Erstickungsgefahr. Die Frage, ob ihr Zustand bedenklich sei, wurde mir mit Ja beantwortet, aber niemand konnte sagen, wie lange es noch dauern würde. Ich nahm den Vorschlag an, bei Mutter auf einem dazu geschobenen Bett zu übernachten und fuhr nach Hause, um mein Waschzeug zu holen. In der Küche informierte ich im Stehen meine Familie. Das Köfferchen stand schon gepackt, als das Telefon läutete: ‹Frau B. ist eben gestorben.›

Ich wollte Mutter in ihrer letzten Stunde unbedingt beistehen, und nun war es so gekommen. Warum? Es fiel mir schwer, einzusehen, dass Mutter eine eigene Lebensgeschichte hatte, die so endete, weil es vielleicht so gut war. Wir fuhren sofort ins Heim. Mutter sah ganz anders aus als zwei Stunden zuvor – friedlich, rosig, glatt wie ein Kind. Wir streichelten das weiche Gesicht und nahmen Abschied.»

Für Pflegende ist es eine anspruchsvolle Aufgabe, Angehörige behutsam dahin zu führen, ihrem kranken Familienmitglied auch die Möglichkeit zu geben, allein sterben zu dürfen. Sprechen Pflegende das Thema nicht einfühlsam genug an, können sich Angehörige in ihrem Wunsch, den sterbenden Menschen so gut wie irgend möglich zu begleiten, unverstanden fühlen.

Beispiel *Ein Arzt sagt zur Ehefrau eines sterbenskranken Mannes: «Sie müssen ihren Mann allein lassen, sonst kann er nicht sterben.» Seither wagt sie es erst recht nicht mehr, sich von ihm zu entfernen.*

Jeder Mensch stirbt seinen eigenen Tod. Je mehr sich der Sterbeprozess dem Ende nähert, umso behutsamer sollten Sterbende begleitet werden. Vor allem ist alles zu vermeiden, was sie in ihrem Prozess des Loslassen-Müssens stören könnte: z.B. laute Geräusche, wiederholtes Ansprechen, unnötige Körperpflege oder festes Halten der Hände.

Hilfreich kann sein
- Einen Choral oder ein anderes vertrautes Lied leise summen.
- Ein Gebet sanft und leise sprechen.
- Den sterbenden Menschen mit dem Kreuzzeichen segnen.
- Einen Segen sanft und langsam zusprechen.
- Still und präsent am Bett sitzen.
- Eine Kerze anzünden.

Wenn Begleitende still und ruhig am Bett sitzen mit einer inneren Haltung des Wohlwollens, allenfalls die eigene Hand unter die Hand des Sterbenden schieben, kann eine Atmosphäre von Frieden entstehen, die für alle wohltuend ist und die es dem sterbenden Menschen ermöglicht, seinen Tod zu sterben. Auch das ist jedoch keine Regel, die für alle gilt. Je nach der Beziehung, die Angehörige zum sterbenden Menschen haben, gestaltet sich das Ende des Lebens anders.

Beispiel «Um zwei Uhr nachts kam der Anruf: Es sei wohl gut, wenn wir gleich kämen. Durch einen speziellen Nachteingang wurden wir eingelassen. Unsere Mutter sah nicht anders aus als einige Stunden zuvor, vielleicht etwas durchsichtiger. Sie atmete aber viel schwächer und leiser. Wir nahmen sie von beiden Seiten ihres Bettes behutsam in unsere Arme und sagten ihr, sie dürfe nun an einen viel schöneren Ort gehen, wo sie nicht mehr leiden müsse – wir seien froh für sie. Wir spürten, dass sie uns, obwohl sie sich im Koma befand, gehört und verstanden hatte, denn sie tat einen tiefen Seufzer. Im Zimmer herrschte ein tiefer Friede, und so starb unsere Mutter, ganz friedlich, sie hörte einfach auf zu atmen. Im selben Moment, als sie diesen letzten Atemhauch tat, vollzog sich in ihrem Gesicht ein Wandel. Es war wie ein Wunder: Plötzlich sah sie wieder aus wie ein junges Mädchen, wir konnten gar nicht glauben, was wir sahen. Aller Kummer, alles Leid, alle Angst, ja die Krankheit und Verwirrtheit – alles war einfach fort – was für ein Geschenk für uns!

Jetzt wusste ich, dass ich keine Mutter mehr hatte. Ich wusste aber auch, dass sie doch noch hier war, nämlich in mir und in meinen Gedanken. Ich sah auch ganz klar, dass ihre Krankheit für uns beide eine grosse Chance gewesen war, zueinander zu finden. Endlich hatte ich alle negativen Gefühle wie Hass und Wut über Bord werfen und mich ihr ganz zuwenden können.»

Tote ehren[1]

Ist ein Mensch gestorben, ist es für Angehörige und Begleitende wichtig, sich Zeit zu lassen und nicht sogleich in unruhige Geschäftigkeit zu verfallen.

---

[1] Vgl. dazu: Lamp, I., Küpper-Popp, K. (2006). Abschied nehmen am Totenbett. Rituale und Hilfen für die Praxis. Gütersloher Verlagshaus: Gütersloh. Das Buch enthält Hinweise für Rituale, Gebete und Lieder.

Dazu einige Hinweise:
- Nachdem der Tod eingetreten ist, eine Weile sitzen bleiben, dem inneren Erleben Raum geben, aufkommende Tränen fliessen lassen.
- Ein Gebet, beispielsweise das Unservater, sprechen.
- Den toten Menschen mit dem Kreuzzeichen segnen.
- Ihm letzte Worte des Dankes mit auf den Weg geben.
- Den toten Menschen waschen und bekleiden.
- Ihm die Augen schliessen, seine Hände falten und sein Kinn hochbinden.
- Ihm die Haare kämmen, einer Frau allenfalls die Lippen schminken.
- Das Zimmer lüften und aufräumen.
- Eine Kerze anzünden und allenfalls ein Räucherstäbchen oder Blumen hinstellen.
- Einen Engel oder einen andern bedeutsamen Gegenstand aufstellen.
- Beim Verstorbenen wachen.
- Ein Lied, beispielsweise ein Kyrie eleison, leise singen.
- Mit dem toten Menschen zusammen die grosse Ruhe und Stille in sich aufnehmen.
- Allenfalls eine Aussegnung vornehmen. In einer Institution können das Angehörige und Pflegende gemeinsam tun, indem sie den toten Menschen segnen, das Unservater beten und ein Lied singen.
- Allenfalls können einige Empfindungen, die mit dem toten Menschen verbunden sind, ausgesprochen und geteilt werden.

Stirbt in einer Institution ein Mensch, der einer andern als der christlichen Religion angehört, sollten Begleitende sich erkundigen, was bei dessen Tod zu beachten ist.

Viele Institutionen haben einen Gedenkort eingerichtet, an dem sie jeweils auf den Namen der verstorbenen Person hinweisen, eine Kerze anzünden und Blumen aufstellen. Mancherorts wird den Mitbewohnerinnen und Mitbewohnern die

Gelegenheit gegeben, das Zimmer des toten Menschen aufzusuchen, um sich von ihm zu verabschieden.

Trauern

Trauerprozesse sind andernorts bereits vielfach untersucht und beschrieben worden. Auch Angebote zur Begleitung von Trauernden sind zahlreich und leicht zugänglich. Wir beschränken uns deshalb hier auf einige wenige Hinweise, die für Angehörige von Demenzkranken spezifisch sind.

- Angehörige von Menschen mit Demenz trauern während einer langen Zeit immer wieder von neuem: wenn sie erste Krankheitszeichen feststellen, wenn die Diagnose feststeht, wenn das kranke Familienmitglied sich nicht mehr für seine Nächsten interessiert, beim Umzug in ein Pflegeheim, wenn der kranke Mensch seine Nächsten nicht mehr erkennt, wenn es ans Sterben geht und auch nach seinem Tod. Es handelt sich in den meisten Fällen um einen langen und schmerzvollen Abschied.

Beispiel «Dieser Zerfallsprozess ist etwas ganz Verrücktes. Ich weiss genau, wer meine Frau einmal gewesen ist, was sie mir als Lebensgefährtin bedeutet hat. Ich erinnere mich an sie als eine gute Mutter, als Fachfrau für Fotografie und als grossartige Sportkollegin. Nun sehe ich, wie alles von ihr verschwindet. Stück um Stück, Tag für Tag. Damit fertig zu werden und mit diesem kümmerlichen Rest, den sie noch hat, zu leben, ist für mich eine kolossale Herausforderung.»

Ist ein demenzkranker Mensch gestorben, entsteht für die Angehörigen, die ihn betreut haben, zunächst eine grosse Leere. Eine lange Leidenszeit liegt hinter ihnen, während der sie viel Zeit, Kraft, Liebe und Fürsorge für den kranken Menschen aufgewendet haben. Diese anspruchsvolle Aufgabe fällt nun weg, sie sind nicht mehr gefordert und oft fühlen sie sich leer und traurig fühlen.

Beispiel «Seit A.'s Tod besteht eine grosse Leere. Tagsüber habe ich immer etwas zu tun. Wenn ich aber am Abend nach Hause komme, und meine Frau ist nicht da, dann macht mir das zu schaffen. Wenn ich in der Küche sitze und dann hinüber wechsle in das leere Wohnzimmer, fühle ich mich verlassen. In solchen Momenten ist es gut zu wissen, dass sich meine Familie um mich sorgt und kümmert.»

Beispiel «Ich würde sie gerne in die Arme nehmen, so wie ich es bis zum Schluss vor dem Einschlafen machte. Und dann ist da immer dieses Bild – es verfolgt mich nicht, aber es erscheint immer wieder – dieses Bild, wie mich meine Frau vor ihrem Sterben noch einmal angeschaut und so merkwürdig gelächelt hat.»

Beispiel Herr N. mag nichts Rechtes mehr essen, er hat sich seit dem Todestag seiner Frau kaum mehr etwas Warmes gekocht. Und er leidet an Schlafstörungen, hat Medikamente verschrieben bekommen. In diesen langen Nächten ertappt er sich immer wieder dabei, dass er sich mit seiner Frau unterhalten möchte.

Allenfalls kommen bei Angehörigen frühere Schuldgefühle im Zusammenhang mit der Einweisung des kranken Menschen in eine Institution wieder hoch. Vielleicht wäre es doch möglich gewesen, das kranke Familienmitglied zu Hause zu betreuen? Oder sie hadern damit, dass sie die Krankheit am Anfang nicht erkannt und deshalb nicht genügend ernst genommen haben. Vielleicht kämpfen sie auch damit, dass sie gegenüber dem kranken Menschen manchmal ungeduldig oder verärgert reagiert haben.

Beispiel «Jetzt ist es still und ruhig bei uns geworden. Ich glaube, Mutter geht es gut dort, wo sie ist, und ich bin für ihr seelisches und physisches Wohl nicht mehr verant-

wortlich. Trotzdem überfallen mich immer wieder vorwurfsvolle Gedanken. Ich war anfangs verletzend zu Mutter, verschloss mich ihr gegenüber, sah nicht den kranken Menschen, der mich brauchte. Ich hätte so vieles anders machen können! Und doch erreichte ich das, was ich instinktiv gewollt haben muss – das letzte Stück meiner Geschichte mit Mutter zu Ende auszuleben. Ich bin froh, sie bis zum Tod begleitet und ihr so viel, wie mir möglich war, gegeben zu haben. Der Kreis, den ich in meiner Jugend durch das abrupte Weggehen von zu Hause unterbrochen hatte, konnte sich schliessen.»

Der gesamte Prozess des Abschiednehmens von einem nahen Menschen ist für alle Beteiligten eine grosse Herausforderung. Der kranke, sterbende Mensch selbst wie auch die Begleitenden erleben in schmerzhafter Deutlichkeit, wie verletzlich und vergänglich menschliches Leben ist. Sie stossen an die Grenzen dessen, was in menschlicher Möglichkeit und Macht liegt, und sind auf das verwiesen, was sie als tragend im Lauf ihres Lebens erfahren haben. Spirituelle Begleitung unterstützt, was diesem kranken Menschen und oder seinen Angehörigen Halt und Vertrauen schenkt.

5 Rituale

5.1 Bedeutung von Ritualen

- Heilsamen Ritualen kommt gerade in der spirituellen Begleitung von Demenzkranken eine zentrale Funktion zu. Sie vermitteln Sicherheit und Vertrautheit in einer Alltagswelt, die den Kranken fremd geworden ist. Dadurch entfalten sie eine Kraft, die den kranken Menschen wie auch die Begleitenden trägt und birgt.

Um sich die Bedeutung von Ritualen bewusst zu machen, lohnt es sich, sich kurz in Erinnerung zu rufen, in welchem Zusammenhang sie entstanden sind.

Rituale sind Symbolhandlungen, die ursprünglich im religiösen Kult beheimatet waren. Sie entsprangen dem Bedürfnis, in einer Welt, die von Chaos und Zufälligkeiten bedroht war, eine Beziehung zu der unsichtbaren Welt der Götter herzustellen. Diese schützten die Welt vor dem Untergang, indem sie eine Ordnung aufrechterhielten, die menschliches Leben überhaupt erst ermöglichte. Über das Ritual wirkte der Mensch auf die Götter ein. Er erwarb sich deren Wohlwollen, damit sie die Lebensordnung aufrechterhielten. Da der Mensch sich dessen nie ein für alle Mal gewiss sein konnte, mussten Rituale regelmässig wiederholt werden. Ebenso wichtig wie die Wiederholung war, dass das Ritual richtig vollzogen wurde, wofür bestimmte Experten, die Priester, zuständig waren. Obwohl die Form einzuhalten war, kam der Handlung an sich keine Heiligkeit zu. Nicht das Ritual war heilig, es wies lediglich auf das Heilige hin.

Im Lauf der Menschheitsgeschichte haben sich Rituale vom exklusiv kultischen Zusammenhang gelöst und sich auch in der Alltagswelt verankert, ohne jedoch ihre schützende Funktion zu verlieren. Es erstaunt deshalb nicht, dass sich moderne Psychologen mit der Wirksamkeit von Ritualen befassten, wobei sie je nach psychologischer Richtung zu unterschiedlichen Deutungen fanden.[1]

Von der ursprünglichen Bedeutung des kultischen Rituals haben sich wesentliche Merkmale bis in unsere heutigen Alltagsrituale bewahrt.

- Rituale bringen den Menschen in Beziehung zu dem, was ihm bedeutsam und heilig ist. Sie strukturieren seinen Alltag und vermitteln ihm das Gefühl, dass seine Lebenswelt in Ordnung ist.

Nicht jedes Ritual entfaltet jedoch diese positiven Wirkungen. Rituale können Menschen auch einschränken und ihnen Lebensenergie rauben. Lebensförderliche Rituale sind deshalb von lebensfeindlichen gut zu unterscheiden.

Heilsame Rituale stärken die Lebensfreude, sie schaffen einen Freiraum im Alltag, in dem der Mensch aufatmen und zu sich selber kommen kann. Gute Rituale entwickeln sich lebendig weiter, sie können je nach Situation auch verändert werden und müssen nicht immer durchgeführt werden. Man

---

[1] Vgl. dazu Grün(1997, S. 23–43): Nach S. Freud bannen Rituale die Angst vor unbewussten Mächten und vor allfälligen bösen Kräften. Durch ihre ordnende Funktion vermitteln sie Geborgenheit und Schutz, haben also eine positive Wirkung. Werden sie hingegen zwanghaft, setzen sie Menschen unter Leistungsdruck und wirken krankmachend.

Nach C. G. Jung stiften Rituale Sinn. Der Mensch erfährt im Ritual den Wert des Lebens, das ohne Rituale banal und sinnlos werden würde. Rituale schützen die Seele vor den Mächten des Unbewussten und haben dadurch eine heilende Wirkung.

E. H. Erikson sieht den Wert von Ritualen unter anderem darin, dass sie dem Miteinander eine heilsame Form geben sowie den Einzelnen in die Gruppe einbinden. Rituale erhöhen das Gefühl der Zugehörigkeit und geben dem Menschen ein Gespür für das Numinose.

kann sie hin und wieder vernachlässigen, ohne sich deswegen schuldig fühlen zu müssen.

Zwanghafte Rituale hingegen haben eine starre Form, die unabhängig von der Situation genau einzuhalten ist. Sie engen ein und erzeugen eine innere Leere oder gar Verkrampfung. Auf keinen Fall dürfen sie abgeändert werden oder im Tagesablauf fehlen, da sonst das nackte Chaos in die menschliche Lebenswelt einbrechen würde.

Im Folgenden stehen die heilsamen Rituale im Fokus, da nur diese für demenzkranke Menschen geeignet sind. Sie stützen die Kranken in ihrer Angst und Verzweiflung, welche durch die Krankheit und deren Folgen wie beispielsweise der Umzug in eine Institution ausgelöst werden. Tritt jemand in eine Institution ein, bringt er selbstverständlich seine eigenen Alltagsrituale mit, die jedoch allenfalls nicht mehr in den institutionellen Alltag passen. Das kann eine tiefgreifende Verunsicherung bewirken, die Menschen in Verwirrung stürzt.

Vertraute Rituale, an die sich ein kranker Mensch gewöhnt hat, sind deshalb nach Möglichkeit zu erkunden und beizubehalten. Sie haben eine stabilisierende Wirkung und erleichtern es dem Demenzkranken, sich in der neuen Umgebung einzugewöhnen.

Sie können auch dazu beitragen, notwendige Veränderungen im Heim unbeschadet zu überstehen.

Beispiel Eine demenzkranke Frau bekommt jeden Morgen einen Kaffee und eine Banane. Damit ist für sie die Welt in Ordnung und sie kann den Tag ruhig beginnen. Als das Stockwerk, in dem sie wohnt, umgebaut wird, muss sie für einen Tag ihr Zimmer verlassen. Die Pflegenden befürchten, dass die Frau sehr unruhig und verängstigt reagieren könnte. Trotz der Umtriebe durch den Umbau bringen sie ihr ganz bewusst zur gewohnten Zeit ihren Kaffee und ihre Banane, bevor sie mit der Bewohnerin das Zimmer verlassen. Die demenzkranke Frau geniesst Kaffee und Banane,

lässt sich ganz ruhig aus ihrem Zimmer führen und meint:
«Heute ist ein guter Tag.»

5.2 Anregungen für Alltagsrituale

Der Alltag eines demenzkranken Menschen, der auf Unterstützung angewiesen ist, ist im günstigen Fall durch Rituale strukturiert, die Schutz und Geborgenheit bieten in einer zunehmend bedrohlicher werdenden Welt.

Die folgenden Hinweise auf Alltagsrituale zu Hause oder in einer Institution sind als Anregungen zu verstehen, eigene Rituale zu entwickeln. Die Texte, Lieder und Gebete bilden einen Grundstock an Materialien, die sich in der Begleitung Demenzkranker bewährt haben. Aufgrund unseres religiösspirituellen Hintergrundes haben wir vorwiegend Lieder und Texte aus der christlichen Tradition gewählt, die den meisten heutigen alten Menschen aus unserem Kulturkreis vertraut und die leicht zugänglich sind. Sie sind jedoch den Bedürfnissen des begleiteten Menschen anzupassen. Welche Lieder, Gedichte und Gebete einem Demenzkranken bekannt und lieb sind, ist sorgfältig abzuklären, und die Auswahl dementsprechend zu treffen. Vor allem bei Menschen, die keiner oder einer andern religiösen Tradition als der christlichen angehören, ist darauf zu achten, welche Texte, Lieder und Rituale ihnen vertraut und wichtig sind.

Morgenrituale

- Den kranken Menschen sanft und behutsam wecken und noch eine Weile im Bett liegen lassen.
- Ihm helfen, immer mit demselben Bein zuerst aus dem Bett zu steigen.
- Ein Morgenlied singen.
- Einen kurzen Text aus der Bibel oder den Losungen vorlesen.

– Ein Morgengebet beten.
– Dem Demenzkranken eine Tasse Tee oder Kaffee ans Bett bringen.

Grundgebete

Unser Vater/Vater unser im Himmel.
    Geheiligt werde dein Name.
    Dein Reich komme.
    Dein Wille geschehe, wie im Himmel so auf Erden.
    Unser tägliches Brot gib uns heute.
    Und vergib uns unsere Schuld,
    wie auch wir vergeben unsern Schuldigern.
    Und führe uns nicht in Versuchung,
    sondern erlöse uns von dem Bösen.
    Denn dein ist das Reich und die Kraft
    und die Herrlichkeit in Ewigkeit.

Gegrüsst seist du, Maria, voll der Gnade,
    der Herr ist mit dir.
    Du bist gebenedeit unter den Frauen
    und gebenedeit ist die Frucht deines Leibes, Jesus.
    Heilige Maria, Mutter Gottes,
    bitte für uns Sünder
    jetzt und in der Stunde unseres Todes.

Morgenlieder

– All Morgen ist ganz frisch und neu. (KG 670, RG 557)[1]
– Grosser Gott, wir loben dich. (RG 518, KG 175)

Morgengebete

Ich danke dir, mein himmlischer Vater,
    durch Jesus Christus, deinen lieben Sohn,
    dass du mich diese Nacht vor Schaden und Gefahr
    behütet hast, und bitte dich,

---

[1] In den Gesangbüchern der evangelisch-reformierten und der römisch-katholischen Kirchen finden sich eine Fülle von weiteren Liedern, Gebeten und Segenssprüchen für den Tageslauf

du wollest mich diesen Tag auch behüten
vor Sünden und allem Übel,
dass dir all mein Tun und Leben gefalle;
dann ich befehle mich,
meinen Leib und meine Seele und alles in deine Hände.
Dein heiliger Engel sei mit mir,
dass der böse Feind keine Macht über mich gewinne.
(Martin Luther, RG 559)

Vater im Himmel,
Lob und Dank sei dir für die Ruhe der Nacht;
Lob und Dank sei dir für den neuen Tag;
Lob und Dank sei dir für alle deine Liebe und Güte und Treue in
meinem Leben.
Du hast mir viel Gutes erwiesen;
lass mich auch das Schwere aus deiner Hand annehmen.
Du wirst mir aber nicht mehr auferlegen, als ich tragen kann.
Du lässt deinen Kindern alle Dinge zum Besten dienen.
(Dietrich Bonhoeffer, KG 698,3)

Bei Tisch

- Das Essen mit einem Tischgebet oder einem Lied beginnen.
- Einander die Hände reichen und guten Appetit wünschen.
- Sich für das Kochen bedanken.

Tischgebete

Alle guten Gaben, alles, was wir haben,
kommt, o Gott, von dir:
Dank sei dir dafür. (KG 701,5, RG 628)

Vater, segne diese Speise,
uns zur Kraft und dir zum Preise. (RG 634)

Gott, segne uns und diese Gaben,
die wir von dir empfangen haben,
durch Christus, unsern Herrn. (KG 701)

Komm, Herr Jesu, sei du unser Gast
und segne, was du uns bescheret hast. (RG 636)

Abendrituale

– Sich eine Weile auf den Bettrand setzen wie früher vielleicht die Eltern.
– Die Hand des Kranken halten.
– Ihm die Haare oder die Wange streicheln.
– Die Füsse des Demenzkranken halten oder eincrèmen.
– Gemeinsam eine kurze Rückschau auf den Tag halten: Was haben wir an Schönem erlebt, wofür können wir dankbar sein?
– Eine heitere Geschichte vorlesen.
– Um gute Träume für den kranken Menschen bitten.
– Ihm ein vertrautes Stofftier in den Arm geben.
– Dem Stofftier einen Namen geben und auch ihm eine gute Nacht wünschen.
– Ein Abendlied singen.
– Ein Abendgebet beten.
– Ihn mit einem Kreuzzeichen auf die Stirn segnen.
– Sich mit einem «Gott behüte dich» verabschieden.
– Die Zimmertür einen Spalt weit offen lassen.
– Ein Licht auf dem Gang oder ein Nachtlicht im Zimmer brennen lassen.

Abendlieder
– So nimm denn meine Hände und führe mich (RG 695)
– Der Mond ist aufgegangen (RG 599)
– Herr, bleibe bei uns (KG 683, RG 604)
– Weißt du, wieviel Sternlein stehen (RG 531)
– Nun trägt der Abendwind (KG 688, RG 608)

I ghöre n es Glöggli
das lüütet so nätt.
De Tag isch vergange,
jetzt gah n i is Bett.

128

Im Bett tuen i bätte
und schlafe dän ii,
de Liebgott im Himmel
wird wohl bi mir sii.

Abendgebete

Abends, wenn ich schlafen geh', vierzehn Englein um mich steh'n.
Zwei zu meinem Haupte, zwei zu meinen Füssen.
Zwei zu meiner Rechten, zwei zu meiner Linken.
Zwei, die mich decken, zwei, die mich wecken,
Zwei, die mich führen, zu himmlischen Türen. (Volksgebet)

Müde bin ich, geh zur Ruh,
schließe meine Augen zu.
Vater, lass die Augen dein
über meinem Bette sein.
Hab ich Unrecht heut getan,
sieh es, lieber Gott, nicht an;
deine Gnad und Jesu Blut
machen allen Schaden gut.
Alle, die mir sind verwandt,
Gott, lass ruhn in deiner Hand;
alle Menschen groß und klein,
sollen dir befohlen sein.
Kranken Herzen sende Ruh,
nasse Augen trockne du.
Gott im Himmel, halte Wacht,
gib uns eine gute Nacht. (KG 685)

Ich danke dir, mein himmlischer Vater,
durch Jesus Christus, deinen lieben Sohn,
dass du mich diesen Tag gnädig behütet hast,
und bitte dich, du wollest mir vergeben alle meine Sünde,
wo ich Unrecht getan habe,
und mich diese Nacht gnädig behüten;
denn ich befehle mich,
meinen Leib und meine Seele und alles in deine Hände.
Dein heiliger Engel sei mit mir, dass der böse Feind
keine Macht über mich gewinne. (Martin Luther, RG 589)

Psalmen

Der Herr ist mein Hirte,
> *mir wird nichts mangeln.*
>> Er weidet mich auf einer grünen Aue
>> und führet mit zum frischen Wasser.
>> Er erquicket meine Seele.
>> Er führet mich auf rechter Strasse
>> um seines Namens willen.
>> Und ob ich schon wanderte im finstern Tal,
>> fürchte ich kein Unglück;
>> denn du bist bei mir,
>> dein Stecken und Stab trösten mich.
>> Du bereitest vor mir einen Tisch
>> im Angesicht meiner Feinde.
>> Du salbest mein Haupt mit Öl
>> und schenkest mir voll ein.
>> Gutes und Barmherzigkeit
>> werden mir folgen mein Leben lang,
>> und ich werde bleiben im Hause des Herrn immerdar.
>> (Ps 23 Übersetzung nach Martin Luther,
>> RG 113, vgl. auch KG 611)

Ich hebe meine Augen auf zu den Bergen:
> Woher wird mir Hilfe kommen?
> Meine Hilfe kommt von ihm,
> der Himmel und Erde gemacht hat.
> Er lässt deinen Fuss nicht wanken;
> der dich behütet, schlummert nicht.
> Siehe, nicht schlummert noch schläft
> der Hüter Israels.
> Er ist dein Hüter,
> Er ist dein Schatten zu deiner Rechten.
> Bei Tage wird dich die Sonne nicht stechen
> noch der Mond des Nachts.
> Er behütet dich vor allem Bösen,
> er behütet dein Leben.
> Er behütet deinen Ausgang und Eingang
> von nun an bis in Ewigkeit. (Ps 121, RG 137, vgl. auch KG 631)

Abendsegen

Der Herr segne dich und behüte dich.
> Der Herr lasse sein Angesicht leuchten über dir und sei dir gnädig.
> Der Herr erhebe sein Angesicht zu dir und gebe dir Frieden.
> (4. Mose 6,24–26)

Von guten Mächten wunderbar geborgen
> erwarten wir getrost, was kommen mag.
> Gott ist bei uns am Abend und am Morgen,
> und ganz gewiss an jedem neuen Tag. (Dietrich Bonhoeffer, KG 554, RG 550)

5.3 Religiöse Rituale

5.3.1 Wichtige Feiertage

Da in Zukunft vermehrt auch Migrantinnen und Migranten in Institutionen der Langzeitpflege eintreten werden, müssen Betreuende sich mit deren Kultur und Religion auseinandersetzen. Zumindest die wichtigsten religiösen Feste und Feiertage sollten in einer Institution bekannt sein und beachtet werden. Da die meisten Feste nicht an feste Kalenderdaten gebunden sind und sich deshalb im Jahreslauf verschieben, geben wir hier nur die Bedeutung und den ungefähren Zeitraum des jeweiligen Feiertages an.[1]

Christliche Feiertage

Je nach Konfession werden die Feiertage unterschiedlich gewichtet.

– Advent: Mit der Adventszeit beginnt das Kirchenjahr. In den vier Wochen vor Weihnachten wird die Ankunft Jesu Christi in der Welt erwartet (November, Dezember).

---

[1] Die genauen Daten für jedes Jahr sind einsehbar unter: www.inforel.ch.

- Mariä unbefleckte Empfängnis: Fest der ohne Erbsünde empfangenen Jungfrau und Gottesmutter Maria (8. Dezember).
- Weihnacht: Feier der Geburt Jesu. In der westlichen Christenheit der wichtigste Feiertag (Heiligabend 24. Dezember, Weihnacht 25. Dezember (Westkirche) oder 6. Januar (Ostkirche)).
- Aschermittwoch: Beginn der österlichen Fastenzeit (Februar, März).
- Karfreitag: Tag der Hinrichtung Jesu. Vor allem von evangelischen Christen begangen.
- Ostern: Tag der Auferstehung Jesu Christi. Bei orthodoxen Christen der wichtigste Feiertag.
- Auffahrt/Himmelfahrt: Erinnerung an die Himmelfahrt des auferstandenen Christus (40 Tage nach Ostern).
- Pfingsten: Fest der Ausgiessung des Heiligen Geistes (50 Tage nach Ostern).
- Fronleichnam: Erinnerung an die Einsetzung des Altarsakraments (Donnerstag in der 2. Woche nach Pfingsten).
- Mariä Himmelfahrt: Fest der Himmelfahrt Marias (15. August).
- Allerheiligen/Allerseelen: Gedächtnistage für die Heiligen und die Verstorbenen (1./2. November).
- Totensonntag/Ewigkeitssonntag: Gedenktag für die Verstorbenen (Letzter Sonntag vor dem 1. Advent).

Jüdische Feiertage

Der jüdische Festkalender kombiniert das Mond- mit dem Sonnenjahr. Daher werden die einzelnen Feiertage zwar immer in der gleichen Jahreszeit begangen, doch nicht immer an denselben Kalenderdaten. Alle jüdischen Feste beginnen am Vorabend.

- Schabbat: Die Feier des biblischen Ruhetags. Der Schabbat beginnt mit dem Einbruch der Dunkelheit am Freitagabend, «wenn drei Sterne am Himmel zu sehen sind», und endet nach Einbruch der Dunkelheit am Samstagabend, ebenfalls «wenn drei Sterne am Himmel zu sehen sind».
- Pessach: Das Fest erinnert an den Auszug aus Ägypten. Es dauert acht Tage (Frühling).

- Schawuot: Fest der Toragebung. Erntedankfest für die Weizen-
  ernte. Erinnerung an die Offenbarung der Zehn Gebote am
  Sinai (Fünfzig Tage nach Pessach).
- Rosch Haschana: Neujahrsfest (Herbst).
- Jom Kippur: Tag der Busse, Versöhnungstag. Der wichtigste
  jüdische Feiertag, der auf die «Zehn Tage der Reue und Um-
  kehr» folgt. Es ist ein Fasttag. Man bittet Gott um Verzeihung für
  die Sünden ihm und den Mitmenschen gegenüber (Herbst).
- Sukkot und Simchat Tora: Laubhüttenfest und Torafreudenfest.
  Das Laubhüttenfest dauert sieben Tage und endet mit dem Torafreudenfest. Es beschliesst den Jahreszyklus der Toravorle-
  sung (Herbst).
- Chanukah: Lichterfest. Jeden Tag wird eine Kerze mehr des
  achtarmigen Chanukah-Leuchters angezündet. Das Fest dauert
  8 Tage (Dezember).

Islamische Feiertage

Die islamischen Feiertage[1] richten sich nach dem Mondjahr,
das kürzer ist als unser Sonnenjahr. Deshalb verschieben sich
die Feiertage gegenüber dem Kalenderjahr jedes Jahr. Zudem
gibt es unterschiedliche Berechnungsgrundlagen, weshalb die
Daten der Feiertage um einen Tag differieren können.

- Ramadan: Während des Monats Ramadan fasten alle gesunden Muslime von Anbruch der Dämmerung bis zum Sonnenuntergang. Tagsüber wird weder gegessen noch getrunken. Nach
  Sonnenuntergang wird das Fasten gemeinsam gebrochen und
  miteinander gegessen.
- Fest des Fastenbrechens: Dieses Fest dauert drei Tage am Ende
  des Fastenmonats Ramadan.
- Opferfest: Der höchste Feiertag im Islam bildet Höhepunkt und
  Abschluss der Pilgerfahrt nach Mekka. An ihm gedenken die
  Muslime Ibrahims (Abrahams), der bereit war, seinen Sohn Is-
  ma'il auf Geheiss Gottes zu opfern.

---

[1] Die Angaben sind www.inforel.ch entnommen.

Hinduistische Feiertage

Die Hindus kennen eine Vielzahl von religiösen Festen. Es gibt keinen Monat, in dem nicht mehrere Feste gefeiert würden. Einige feiern den Lauf der Natur oder der Jahreszeiten, andere werden zu Ehren einzelner Götter veranstaltet oder erinnern an mythische Geschehnisse. Wir geben hier lediglich eine Auswahl der wichtigsten Feiertage an.[1]

- Thai pongal: Das Sonnenfest. Nach Beendigung der Regenzeit wird die Sonne, die Göttin Suryan, verehrt und um gutes Wetter, Wachstum der Saat und um Gesundheit gebeten (Mitte Januar).
- Schivaratri: «Schiva-Nacht.» Fest der Erscheinung Schivas in Form des Lingam (Februar).
- Varudappirappu, Puduvarscha: Neujahrsfest. Für Hindus beginnt das Jahr nicht am 1. Januar, sondern im Frühling. Die genaue Stunde des Jahresbeginns wird jedes Jahr aufgrund der Sternenkonstellation neu berechnet (Mitte April).
- Thiruvila: Jahresfest. Die Gottheiten werden um ihren Segen für den Tempel gebeten. Das Fest dauert 15 Tage (Juli/August).
- Ther/Rathayatra: Wagenfest. Ein Fest, das von allen Hindus gefeiert wird. Eine oder mehrere Statuen von Gottheiten werden auf Wagen um den Tempelbezirk geführt. Das Wagenfest ist das aufwändigste Fest des Jahres (August).
- Navaratri: Das Fest der «Neun Nächte». Je drei Nächte sind jeder der drei Göttinnen Lakschmi, Schakti, Saraswati geweiht. Im Tempel wird täglich mindestens einmal das Puja-Ritual vollzogen. Als Abschluss von Navaratri wird die zehnte Nacht als "Nacht des Siegels" gefeiert..
- Skandasasthi Viratam: Ein Fest zu Ehren des Gottes Murugan, an dem viele Gläubige fasten. Es dauert sechs Tage.

---

[1] Die Angaben sind www.inforel.ch entnommen.

Buddhistische Feiertage

In der Schweiz sind vor allem der Thai-Buddhismus und der tibetische Buddhismus vertreten. Die meisten Festdaten richten sich nach dem Mondkalender und verschieben sich deshalb gegenüber dem Kalenderjahr. Je nach Tradition und Kulturkreis werden unterschiedliche Feste zu verschiedenen Zeiten gefeiert. Es ist vor allem *ein* Fest, das von Buddhistinnen und Buddhisten aller Traditionen gefeiert wird:

– Visakha Puja (Thai) / Saka Dawa (Tibetisch): Am wichtigsten buddhistischen Fest werden Geburt, Erwachen und Tod des historischen Gautama Buddha gefeiert.

5.3.2 Gottesdienstliche Feier

In vielen Institutionen wird ein einfacher Gottesdienst für Menschen mit Demenz gefeiert, der den Bedürfnissen der Kranken besondere Beachtung schenkt und meist von der Seelsorge und der Pflege gemeinsam verantwortet wird. Die Erfahrung zeigt, dass es sich lohnt, gottesdienstliche Feiern auf das absolut Notwendige hinsichtlich Ablauf und Inhalt zu beschränken, um eine Überforderung der kranken Menschen zu vermeiden.

Grundgerüst einer gottesdienstlichen Feier

Sammlung:
- *Begrüssung*: die einzelnen Teilnehmenden persönlich begrüssen, sich selbst vorstellen und ein Namensschild tragen.
- *Hinführung*: auf das Thema und die darauf abgestimmte Mitte hinweisen.
- *Lied*: einen Kanon oder einen Liedvers miteinander singen, der im Lauf der Feier wiederholt wird.

Verkündigung
- *Thema*: ein biblisches Wort oder ein Sprichwort als Leitthema einführen.
- *Aktualisierung*: einen passenden Gegenstand als Veranschaulichung zeigen oder herumreichen.

- *Auslegung*: eine kurze Erzählung zum Thema.
- *Lied*: den Liedvers wiederholen oder ein zweites Lied einführen.

Sendung
- *Gebet*: Unser Vater
- *Segen*: den Segen allen zusammen zusprechen oder jedem persönlich einen Zuspruch allenfalls verbunden mit einer Salbung zukommen lassen.
- *Erinnerung*: ein kleines Geschenk zum Mitnehmen, Aufhängen oder Aufstellen mitgeben.

Salbung

Einen Menschen zusammen mit einem Segensspruch zu salben, lässt ihn den Zuspruch zusätzlich zu den Worten auch als leibliche Zuwendung erfahren, was dem Erleben eines Demenzkranken entgegenkommt. Über die persönliche Zuwendung, die Berührung und den Wohlgeruch des Öls erfährt er den Segen auf einer emotionalen Ebene, wofür er empfänglich ist. Bei der Salbung sind konfessionelle Unterschiede zu berücksichtigen. Katholischerseits ist die Salbung einem Priester vorbehalten. Auf evangelischer Seite ist es jedem christlich Gläubigen erlaubt, einen Mitmenschen zu salben.

Salbungsritual
- *Vorbereitung*: in ein Schälchen werden auf ein Stück Watte, das mit Jojobaöl getränkt ist, einige Tropfen einer wohlriechenden Essenz geträufelt. Erfahrungsgemäss sind vor allem Zitrus- und Rosendüfte beliebt.
- *Salbung*: die salbende Person benetzt den Daumen mit dem duftenden Öl, zeichnet das Kreuzzeichen auf Stirn und Innenfläche der Hände und spricht: «Ich salbe dich im Namen Gottes, des Vaters (Stirn), und im Namen Jesu Christi, des Sohnes (rechte Handinnenfläche) und im Namen des Heiligen Geistes (linke Handinnenfläche).»
- *Segen*: darauf folgt der Zuspruch, beispielsweise «(Name). Fürchte dich nicht, der Herr hat seinen Engeln befohlen, dich zu behüten auf allen deinen Wegen, Amen.» (nach Psalm 91,11)

Beispiel einer gottesdienstlichen Feier zum Thema Brot

Vorbereitete Mitte: auf einem Tuch liegen verschiedene Brote oder Brötchen, je nach Jahreszeit zusammen mit Kornähren.

Sammlung

- *Begrüssung*: die Teilnehmenden einzeln willkommen heissen.
- *Hinführung*: auf das Brot, das wir täglich essen hinweisen. Wir brauchen es zum Leben. Die verschiedenen Brote in der Mitte betrachten.
- *Lied*: auf einen Dreiklang «Herzlich willkommen, herzlich willkommen, herzlich willkommen» singen.

Verkündigung:

- *Thema*: Unser tägliches Brot gib uns heute (Matthäus 6,11)
- *Aktualisierung*: kurzes Gespräch über Getreide, Ähren, Wachstum, Mehl, Teig, Brot. Kleine Brötchen verteilen, an denen man riechen und die man essen kann. Redewendungen wie «Hartes Brot ist nicht hart, kein Brot ist hart» sammeln.
- *Auslegung*: kurze Erzählung zur Brotvermehrung (Markus 6,30–44)
- *Lied*:
  Im Märzen der Bauer
  die Rößlein einspannt
  Er setzt seine Felder
  und Wiesen in Stand.
  Er pflüget den Boden
  er egget und sät
  und rührt seine Hände
  früh morgens und spät

  Die Bäu'rin, die Mägde,
  Sie dürfen nicht ruh'n,
  Sie haben in Haus
  Und Garten zu tun.
  Sie graben und rechen
  Und singen ein Lied,
  Sie freu'n sich, wenn alles
  Schön grünet und blüht.

So geht unter Arbeit
Das Frühjahr vorbei,
Da erntet der Bauer
Das duftende Heu.
Er mäht das Getreide,
Dann drischt er es aus,
Im Winter da gibt es
Manch fröhlichen Schmaus.
(aus Nordmähren, 19. Jahrhundert)[1]

Sendung:

- *Gebet*: Unser Vater
- *Segen*: auf eine improvisierte Melodie singen «Diese Stunde geht zu Ende, reicht einander froh die Hände, lebe wohl, auf Wiedersehen.» Dann den aaronitischen Segen zusprechen:
  Der Herr segne dich und behüte dich.
  Der Herr lasse sein Angesicht leuchten über dir und sei dir gnädig.
  Der Herr erhebe sein Angesicht zu dir und gebe dir Frieden.
  (4. Mose 6,24–26)
- *Erinnerung*: Brötchen mitnehmen.

Erzähltechnik

Für diese Form von Gottesdiensten oder Feiern erweist sich eine spezifische, auf Demenzkranke ausgerichtete Erzähltechnik als nützlich. Die biblische Geschichte wird auf das Wesentliche reduziert. Die Sätze werden knapp gehalten, das heisst auf durchschnittlich drei bis fünf Worte gekürzt, und mit kräftiger Stimme langsam vorgetragen.

Beispiel   *Die Brotvermehrung (Markus 6,30–44)*

Jesus und die Jünger
Fahren in einem Boot
An einem einsamen Ort
Wollen allein sein
Viele Menschen kommen

---

[1]   Vgl. www.volksliederarchiv.de.

Es wird Abend
Menschen haben Hunger
Jesus sagt zu Jüngern
Gebt Menschen Brot
Jünger haben kein Geld
Nur fünf Brote da
Zuwenig
Fünftausend Menschen
Alle sitzen am Boden
Jesus nimmt fünf Brote
Dankt Gott
Verteilt Brote
Alle essen
Alle haben genug
Sogar Brote übrig

Beispiel   *Die Stillung des Seesturms (Matthäus 8,23–27)*

Jesus
Am See Genezaret
Ein Boot
Ein Schiff mit Segel
Viele wollen mit
Auch die Jünger
Schiff ist bereit
Ins Wasser
Auf dem See
Wellen
Plötzlich Sturm
Grosse Wellen
Starker Wind
Schiff schaukelt
Schiff wankt
Alle haben Angst
Sie schreien: Hilfe!
Wir gehen unter!
Jesus schläft
Ganz ruhig
Grosses Vertrauen

Jünger schreien: hilf uns!

Jesus

Warum habt ihr Angst?

Er steht auf

Droht dem Sturm

Stillt den Wind

Plötzlich: Ruhe

Keine Wellen

Die Leute staunen

Sie fragen: wer ist er?

Jesus kann den Sturm stillen!

Ein ‹spiritueller Koffer›

Wer Menschen mit Demenz regelmässig religiös-spirituell begleitet, legt sich mit Vorteil einen spirituellen Koffer› an, der einen Fundus an nützlichen Gegenständen enthält.

- Bibel
- Ausgewählte biblische Texte in Grossdruck, laminiert
- Evangelisches und katholisches Gesangbuch in Grossdruck
- Gebete und Segensworte in Grossdruck, laminiert
- Evangelisches Pastorale. Katholischerseits sind Gebete, Segen und Lieder im Gesangbuch enthalten.
- Rosenkranz
- Abendmahlskelch und Brotteller; allenfalls einen Löffel für Menschen, die nicht mehr aus dem Kelch trinken können.
- Hostien in einer Dose
- Weihwasser
- Weihrauchgefäss
- Tücher in den liturgischen Farben
- Velum: ein besticktes Tuch
- Laminierte Illustrationen zu biblischen Geschichten
- Laminierte Fotos oder Zeichnungen aus der Natur, die mit einem Liedvers kombiniert werden können
- Verschiedene Kreuze aus unterschiedlichen Materialien, die man in die Hand nehmen kann
- Handschmeichler aus Holz oder Stein
- Kerzen in Form eines Windlichtes und Streichhölzer

- Gefäss mit Salböl
- «Perlen des Glaubens»[1]
- Klangschale

5.3.3 Abendmahl und Kommunion

Abendmahl und Krankenkommunion sind in vielen Fällen heilsame Rituale, die Menschen mit Demenz begreifen können. Sowohl in Gottesdiensten als auch als kleine Feier im Zimmer können Abendmahl und Krankenkommunion den Sonntag aufwerten oder in einer schwierigen Situation Boden für neues Vertrauen schaffen. Allenfalls kann eine persönliche Feier im Zimmer für Angehörige zugänglich gemacht und so auch ihnen zu einer Kraftquelle werden.

Wie bei allen Feiern gilt auch hier der Grundsatz, Ablauf und Inhalt auf das Wesentliche zu reduzieren. Oft wirken die Zeichen Brot und Kelch ohne Worte. Der demenzkranke Mensch erkennt den Zusammenhang und erinnert sich über die einfache Handlung sowie den Geschmack von Brot oder Hostie an frühere Erfahrungen.

Zu einem Abendmahl gehören zumindest die Einsetzungsworte zu Brot und Kelch sowie das Unservater und der Segen. Zur Krankenkommunion ohne Priester gehören Gebet, Lesung, das Vaterunser, die Kommunion und eine Segensbitte.

Im Vorfeld muss geklärt werden, ob der kranke Mensch in der Lage ist, Brot oder Hostie zu essen sowie Wein oder Traubensaft zu schlucken. Es kann durchaus vorkommen,

---

[1] Die sogenannten «Perlen des Glaubens» bilden ein Perlband aus 18 Perlen. Die Idee hat sich von Schweden aus über Deutschland und die Schweiz verbreitet. Die Perlen bilden einen Kreis, dessen Anfang und Ende durch die grösste Perle golden leuchtend gesetzt wird. Die Perlen unterscheiden sich in Form, Farbe und Grösse und weisen mit ihrem Namen auf ihre Bedeutung hin. In ihrer Bedeutung können die Perlen als Lebensweg Jesu gedeutet werden, aber auch zum Sinnbild für das eigene Leben werden. Vgl. dazu: www.perlen-des-glaubens.de.

dass jemand, der normalerweise gerne an Abendmahl oder Krankenkommunion teilnimmt, plötzlich abwehrend reagiert. Die Abwehr ist ernst zu nehmen, was bedeutet, Brot und Kelch anzubieten, ohne den kranken Menschen zu nötigen, zu essen und zu trinken. Verweigert er es, ist das zu respektieren.

Beispiel Im Gottesdienst geht der Pfarrer mit dem Brot durch die Reihen. Ein Bewohner sagt: «Was soll das Stückchen Brot. Ich habe keinen Hunger.» Ein anderer meint: «Ich will ein ganzes Stück Brot.» Es ist dem Pfarrer in der Situation nicht möglich, mit den beiden ein Gespräch zu führen. Er drängt dem ersten Bewohner das Brot nicht auf. Vielleicht begreift er erst beim Kelch den Sinn der Handlung. Dem zweiten Bewohner gibt er ohne Aufhebens ein grösseres Stück Brot.

6 Literatur

Bandura, A. (1973). Aggression. A social learning analysis. Prentice-Hall: Englewood Cliffs, N. J.

Baumann, J., (2004). Die Betreuung fremdsprachiger betagter Migranten in der Deutschschweiz. Projektarbeit Alfred Adler Institut: Zürich.

Baumann, M., Stolz, J. (Hrsg.). (2007). Eine Schweiz – viele Religionen. Risiken und Chancen des Zusammenlebens. Transcribt Verlag: Bielefeld.

Becker, S. A., Wunderer, E., Schultz Gambard, J., (1998). Muslimische Patienten, ein Leitfaden zur interkulturellen Verständigung in Krankenhaus und Praxis. Zuckschwerdt Verlag: München.

Betz, H. D. et al. (Hrsg.). (2004). Religion in Geschichte und Gegenwart. RGG[4]. Handwörterbuch für Theologie und Religionswissenschaft. Bd. 7. 4. Auflage. Mohr Siebeck: Tübingen.

Bollier, M., (2003). Alter & Migration. Diplomarbeit an der Akademie für Erwachsenenbildung Luzern.

Borde, T., David, M., (Hrsg.). (2003). Gut versorgt? Migrantinnen und Migranten im Gesundheits- und Sozialwesen. Mabubse-Verlag: Frankfurt a. M.

Bosch, C. F. M., (1998). Vertrautheit. Studie zur Lebenswelt dementierender alter Menschen. Ullstein Medical: Wiesbaden.

Brunner, Th. (Hrsg.). (1999). Gewalt im Alter. Formen und Ursachen lebenslagenspezifischer Gewaltpotentiale. Marburger Forum zur Gerontologie: Bd. 5. Vektor-Verlag: Grafschaft.

Brunner-Traut, E., (2007). Die fünf grossen Weltreligionen. 33. Auflage. Herder spektrum: Freiburg u.a.

Bundesamt für Gesundheit (2002). Migration und Gesundheit. Strategische Ausrichtung des Bundes 2002–2006. Bern.

Bundschuh-Schramm, C. et al., (2004). Rituale im Kreis des Lebens. Verstehen – gestalten – erleben. Schwabenverlag: Ostfildern.

Day, K., Carreon, D., Stump, C. (2000): The therapeutic Design of Environments for People With Dementia.: A Review of the Empirical Research. The Gerontologist 40(4): 397–416.

Dollard, J., Miller, N. E. et al. (1975). Frustration und Aggression. Beltz: Weinheim.

Eberhard, D., Kobel, A., Leuenberger, P. M., (2003). Migration und Alter. Ein exemplarischer Leitfaden für Alters- und Pflegeheime.

2. überarbeitet Auflage. 3 Bände. Schweizerisches Rotes Kreuz: Bern.

Eglin, A., Stahlberger, K. et al. (2006). Das Leben heiligen. Spirituelle Begleitung von Menschen mit Demenz. 3. Auflage. Theologischer Verlag Zürich: Zürich.

Feldmann, L., (1992). Leben mit der Alzheimer Krankheit. Serie Piper München, Zürich.

Fischedick, H., (2004). Die Kraft der Rituale. Lebensübergänge bewusst erleben und gestalten. Kreuz Verlag: Stuttgart.

Flühler, M., (2001). Fremde Religionen in der Pflege. Manava Verlag: Basel.

Frankl, V. E., (1997). ... trotzdem Ja zum Leben sagen. Ein Psychologe erlebt das Konzentrationslager. 16. Auflage. Dtv: München.

Friedemann, M. L., (1996). Konzepte der Familien- und Umweltbezogenen Pflege. Hans Huber Verlag: Bern.

Gesangbuch der Evangelisch-reformierten Kirchen der deutschsprachigen Schweiz. (1998). Friedrich Reinhardt: Basel und Theologischer Verlag: Zürich.

Grässel, E. (1994). Körperbeschwerden und subjektive Belastung bei pflegenden Angehörigen. Deutsche medizinische Wochenschrift, 119, 501–506.

Grün, A., (1997). Geborgenheit finden, Rituale feiern. Wege zu mehr Lebensfreude. Kreuz Verlag: Stuttgart.

Hamborg, M. et al. (2003). Gewaltvermeidung in der Pflege Demenzkranker. Modelle für alle Fälle. Wissenschaftliche Verlagsgesellschaft: Stuttgart.

Hartmann, C., (2006). Die Begleitung von demenzerkrankten Menschen in ihrer letzten Lebensphase. In: Evangelisches Erwachsenenbildungswerk Nordrhein e.V. (Hrsg.), AnSehen, 2.Auflage, Düsseldorf.

Herrnhuter Brüdergemeinde in der Schweiz. (Hrsg.). Losungen. Die täglichen Losungen und Lehrtexte der Brüdergemeinde. Friedrich Reinhardt: Basel.

Hertzberg, A., Ekman, S. L., Axelsson, K.: Staff activities and behaviour are the source of many feelings: relatives' interactions and relationships with staff in nursing homes. J Clin Nurs, 2001, 10(3): 380–388.

Hirsch, R. D. et al. (Hrsg.). (1998). Gewalt im Alter. Bonner Schriftenreihe. Bonn.

Hiss, B. et al. (2000). Fallgeschichten Gewalt. Anfänge erkennen, Alternativen entwickeln. (Pflege). Vincentz: Hannover.

145

Höpflinger, F., Stückelberger, A., (2000). Demographische Alterung und individuelles Altern. 2. Auflage. Seismo Verlag: Zürich.

Huber, E., Keller, E.: Schicksalsgemeinschaft – Zweckbündnis. Komplexe Partnerschaft mit Angehörigen. (2007). In: C. Schmid (Hrsg.): Orte des Lebens – Orte des Sterbens. Palliative Care in Alters- und Pflegeinstitutionen. Curaviva, Verband Heime und Institutionen Schweiz: Zürich: 21–28.

Hurley, A. C., & Volicer, L. (2002). Alzheimer Disease: «It's okay, Mama, if you want to go, it's okay». Jama, 288(18): 2324–2331.

Hutter, M. (2006). Die Weltreligionen. 2. Auflage. C. H. Beck: München.

Jenni, G.:«Zwischen Ungewissheit und Gewissheit». Erfahrungen von Töchtern und Söhnen, deren Mütter seit mindestens einem Jahr in einem Alterspflegeheim leben. (2006). Unpublizierte Masterarbeit, Universität Basel: Basel.

Katholisches Gesangbuch. Gesang- und Gebetbuch der deutschsprachigen Schweiz. (1998). Verein für die Herausgabe des Katholischen Kirchengesangbuches der Schweiz: Zug.

Keefe, J., Fancey, P.: The Care Continues: Responsibility for Elderly Relatives Before and After Admission to a Long Term Care Facility. Family Relations, 2000, 49: 235–244.

Kellnhauser, E., Schewior-Popp, S. (1999). Ausländische Patienten besser verstehen. Thieme Verlag: Stuttgart.

Kesselring, A.: Pflegende Angehörige: Welche Herausforderungen für die Zukunft? Krankenpflege, 2001, 7: 18–21.

Kitwood, T., (2000). Demenz. Der personzentrierte Ansatz im Umgang mit verwirrten Menschen. Hans Huber: Bern.

Klessmann, E., (1996). Wenn Eltern Kinder werden und doch die Eltern bleiben. Hans Huber: Bern.

Knellwolf, U., Rüegger, H., (2004). In Leiden und Sterben begleiten. Theologischer Verlag: Zürich.

Kornadt, H. J. (1992). Aggression und Frustration als psychologisches Problem. Wissenschaftliche Buchgesellschaft: Darmstadt.

Kovach, C. R. (1998). Nursing home dementia care units. Providing a continuum of care rather than aging in place. J Gerontol Nurs, 24(4): 30–36.

Kovach, C. R., Noonan, P. E., Schlidt, A. M., Reynolds, S., & Wells, T. (2006). The Serial Trial Intervention: an innovative approach to meeting needs of individuals with dementia. J Gerontol Nurs, 32(4): 18–25; quiz 26–17.

Kunz, R. (2003). Leben erhalten – sterben lassen? Wer entscheidet bei demenzkranken Patienten und Patientinnen? In: M. Mettner

(Hrsg.), Wie menschenwürdig sterben? Zur Debatte um die Sterbehilfe und zur Praxis der Sterbebegleitung: 285–293. Zürich: NZN Buchverlag AG: Zürich.

Lamp, I., Küpper-Popp, K. (2006). Abschied nehmen am Totenbett. Rituale und Hilfen für die Praxis. Gütersloher Verlagshaus: Gütersloh.

Lind, S. (2003). Demenzkranke Menschen pflegen. Grundlagen, Strategien, Konzepte. Hans Huber: Bern.

Liturgische Konferenz. (Hrsg.). (2005). Neues Evangelisches Pastorale. 2.A. Gütersloher Verlagshaus: Gütersloh.

Mace, N. L., Rabins, P. V., (2001). Der 36-Stunden-Tag. Hans Huber: Bern.

Marshall, M. (2001). Care settings and the care environment. In C. Cantley (Ed.), A Handbook of Dementia Care (173–185). Buckingham: Open University Press: Buckingham.

Merki, K-E. und Krämer, G (1998). Rückwärts! Und alles vergessen. Haffmanns Sachbuch Verlag AG: Zürich.

Mitchell, S. L., Kiely, D. K., & Hamel, M. B. (2004). Dying with advanced dementia in the nursing home. Arch Intern Med, 164(3): 321–326.

Mix, St., Lämmler, G., Steinhagen, E., (2004). Fahreignung bei Demenz: eine Herausforderung für neuropsychologische Diagnostik und Beratung. Zeitschrift für Gerontopsychologie und – psychiatrie 17(2004), H.2: 97–108

Monkhouse, C., & Wapplinger, R. (2003). Übermorgen. Wenn wir alt sind. Rüffer & Rub Sachbuchverlag: Zürich.

Morgenthaler, Ch., (1990). Schuld und Krankheit. In: reformatio 39: 353–362.

Norberg, A., (2001). Care of people with late dementia. Referat gehalten am Kongress «Geriatrische Syndrome» des Instituts für Pflegewissenschaft der Universität Basel. Basel.

Panke-Kochinke, B. (2008). Gewalt gegen Pflegekräfte. Problematische Situationen erkennen und lösen. Mabuse: Frankfurt a. M.

Patientinnen- und Patientengesetz. (2004): http://www.gd.zh.ch/internet/gd/de/Gesund2/gesetzeun.SubContainerList.SubContainer 1.ContentContainerList.0012.DownloadFile.pdf (20.06.2007).

Ross, M. M., Carswell, A., Dalziel, W. B.: Family caregiving in long-term care facilities. Clin Nurs Res, 2001, 10(4): 347–363.

Rüegger, H. (2004). Sterben in Würde? Nachdenken über ein differenziertes Würdeverständnis. 2. Auflage. Theologischer Verlag Zürich: Zürich.

Ryan, A. A., Scullion, H. F.: Family and staff perceptions of the role of families in nursing homes. J Adv Nurs, 2000, 32(3): 626–634.

Sachs, G. A., Shega, J. W., & Cox-Hayley, D. (2004). Barriers to excellent end-of-life care for patients with dementia. J Gen Intern Med, 19(10): 1057–1063.

Sandberg, J., Lundh, U., Nolan, M. R.: Placing a spouse in a care home: the importance of keeping. J Clin Nurs, 2001, 10(3): 406–416.

Sandberg, J., Lundh, U., Nolan, M.: Moving into a care home: the role of adult children in the placement process. Int J Nurs Stud, 2002, 39(3): 353–362.

Sandberg, J., Nolan, M. R., Lundh, U.: ‹Entering a New World›: empathic awareness as the key to positive family/staff relationships in care homes. Int J Nurs Stud, 2002, 39(5): 507–515.

Schweizerische Alzheimervereinigung (1999). Angehörige von Demenzkranken erzählen. Schweiz. Alzheimervereinigung: Yverdon-les-Bains.

Teno, J. M., Casey, V. A., Welch, L. C., & Edgman-Levitan, S. (2001). Patient-focused, family-centered end-of-life medical care: views of the guidelines and bereaved family members. J Pain Symptom Manage, 22(3): 738–751.

Ugolini, B.: Brücke zum «richtigen Leben» – Angehörigenarbeit in der institutionellen Altersarbeit. Psychoscope, 2006, 4: 5–8.

Urlaub, K.-H., Kremer-Preiss, U., Engels, D. (2000). Familiäre Kontakte und die Einbeziehung von Angehörigen in die Betreuung und Pflege in Einrichtungen. Kuratorium Deutsche Altershilfe: Köln.

Ven van der, J. A., (1990). Entwurf einer empirischen Theologie. Deutscher Studien Verlag: Kampen.

Welter, R. (1978). Adaptives Bauen für Langzeitpatienten. Selbstverlag: Meilen.

Welter, R. (1997). Architektur, Gewalt und Aggression in Kliniken. System Familie. 10: 88–91.

Welter, R. (1998). Über den Umgang mit Demenz aus umweltpsychologischer Sicht. System Familie, 1998. 11: 23–6.

Wetle, T., Shield, R., Teno, J., Miller, S. C., & Welch, L. (2005). Family perspectives on end-of-life care experiences in nursing homes. Gerontologist, 45(5): 642–650.

Wuillemin, R., (2006). Entwicklung und Stagnation in der Kirche. Dissertation. Zürich. Online veröffentlicht: http://www.zb.unibe.ch/download/eldiss/07wuillemin_r.pdf.

Zielke-Nadkarni, A., Schnepp, W., (Hrsg.). (2003). Pflege im kulturellen Kontext. Positionen, Forschungsergebnisse und Praxiserfahrungen. Hans Huber: Bern.

Zürcher Bibel. (2007). Kirchenrat der Evangelisch-reformierten Landeskirche des Kantons Zürich. (Hrsg.). Verlag der Zürcher Bibel beim Theologischen Verlag Zürich: Zürich.

Websites/Beratungen

www.alz.ch: Alzheimervereinigung Schweiz

Schweiz. Alzheimervereinigung, Rue de Pêcheurs 8E, 1400 Yverdon-les-Bains, Tel. 024 426 06 06

www.bfs.admin.ch: Bundesamt für Statistik

www.deutsche-alzheimer.de: Deutsche Alzheimer Gesellschaft

Deutsche Alzheimer Gesellschaft e.V., Selbsthilfe Demenz, Friedrichstr. 236, 10969 Berlin, Tel.: 030–25 93 79 5–0, Fax: 030–25 93 79 5–29

www.ernst-gerontologie.ch: Das Modell der vier Lebensbereiche, U. Kalbermatten, H. Ernst

www.heks.ch/de/schweiz/regionalstelle-zuerichschaffhausen/altum-alter-und-migration/

www.inforel.ch: Interreligiöser Festkalender

www.oksg.ch: Interreligiöser Kalender

www.painonline.ch oder www.schmerzpatienten.ch: WHO-Stufenschema für Schmerzmedikamente

www.perlen-des-glaubens.de

www.pro-senectute.ch

www.uba.ch: Unabhängige Beschwerdestelle für das Alter UBA, Sensibilisierungskampagne Misshandlung im Alter ZH / SH

www.vfv-spc.ch: Schweizerische Vereinigung für Verkehrspsychologie

www.volksliederarchiv.de

Autorinnen und Autoren

Anemone Eglin, Jahrgang 1953, Theologin, MAS-BA, ist Leiterin des Instituts Neumünster; Fachbereich Spiritualität der Stiftung Diakoniewerk Neumünster – Schweizerische Pflegerinnenschule, Zollikerberg.

Evelyn Huber, Jahrgang 1968, Pflegewissenschafterin MNS, ist Mitarbeiterin des Instituts Neumünster, Fachbereich Pflegewissenschaft der Stiftung Diakoniewerk Neumünster – Schweizerische Pflegerinnenschule, Zollikerberg.

Annette Rüegg, Jahrgang 1943, ist dipl. Gerontologin SAG und leitet Gesprächsgruppen für Angehörige von Menschen mit Demenz in Zürich.

Brigitta Schröder, Jahrgang 1935, ist Supervisorin DGSv, Lebens- und Trauerbegleiterin und Absolventin eines Seniorenstudiums mit Schwerpunkt Geragogik und Gerontologie in Dortmund.

Klaus Stahlberger, Jahrgang 1956, Pfarrer und Gerontologe SAG, ist Gemeindepfarrer und Heimseelsorger in St. Gallen.

Roland Wuillemin, Dr. theol., Jahrgang 1967, ist Gemeindepfarrer in Zürich.

Fotos

Franz Nikolaus Müller, Winterthur.